読みなおす日本史

日本の神話を考える

上田正昭

吉川弘文館

目　次

第一章　神話と歴史

(1) 神話とは何か……七
書かれざる神話　神話のありよう

(2) 記録と語部……一四
神話の記録化　語部の実相

(3) 神代史のなりたち……三三
『記』・『紀』の成立過程　伝承と筆録　『記』・『紀』神話の特色

第二章　古典の神話

(1) 風土記・祝詞の諸相……三四
旧聞異事の内実　出雲神話の特色　在地の神話伝承

(2)『古語拾遺』と『先代旧事本紀』……四五
『古語拾遺』の伝承　『先代旧事本紀』の降臨伝承

第三章　神話の交響譜

(1)三貴子の誕生……五二
神々の生成　海神とその祭祀
(2)分治の神話……六四
海原と根の国　月読の活躍　月神の信仰
(3)皇祖神の二元性……七六
高天原の主宰神　二元性の理解　タカミムスビの実相
(4)アマテラスの内実……八八
天と海と　皇祖神化に重なるもの　西王母の信仰　織女の伝承

第四章　出雲と筑紫

(1)出雲の神話……一〇四
三つのグループ　八千矛の国　国ゆずりの実相　出雲臣らの自己主張　所造天下の神　天下の背景

(2) 筑紫の神話……一三三
天孫降臨　異伝の諸相　高千穂の峰　隼人の伝承　服属の芸能
第五章　渡来の神々
(1) 韓神の背景……一四八
降臨の異相　韓神のまつり
(2) 神話の対比……一五五
ニギハヤヒの伝承　欠落の補完
付章　神話と教育……一六四
神話の虚実　『記』・『紀』の思想史　日本神話と教育
小学館ライブラリー版刊行にあたって……一七六
『日本の神話を考える』を読む　千田　稔……一七九

第一章　神話と歴史

(1)　神話とは何か

書かれざる神話　神話といえば多くの人びとは、記録された神話、文字によって表現された神話を思いうかべる。日本の神話の代表的なものに、『古事記《こじき》』や『日本書紀《にほんしょき》』の神話、いわゆる『記』・『紀』神話がある。『古事記』はその序によれば、和銅《わどう》五年（七一二）の正月二十八日に、「稗田阿礼《ひえだのあれ》の誦《よ》むところの勅語の旧辞《くじ》」を太安万侶《おおのやすまろ》が撰録して献上した書物である。三巻からなりたち、上巻が神代巻であり、中巻が神武《じんむ》天皇から応神《おうじん》天皇の代まで、下巻が仁徳《にんとく》天皇から推古《すいこ》天皇の代までを対象として記録している。

『日本書紀』（正しくは『日本紀』）の編集は、天武《てんむ》朝からはじまったと想定されるが、その最終的完成は、養老《ようろう》四年（七二〇）の五月二十一日であった。舎人《とねり》親王（天武天皇の皇子）が「勅を奉じ」て、多くの史官参加のもとに筆録されて、『日本紀』三十巻と系図一巻ができあがるのである。その巻第一と巻第二が神代の巻であり、巻第三が神武天皇の巻で、以下巻第三十の持統《じとう》天皇の代までが編年体で記述されている。

『記』・『紀』（『古事記』を『記』、『日本書紀』を『紀』と略称）両書の成立過程と両書のちがいや特色については、『古事記』（『鑑賞日本古典文学』総説　角川書店）、『藤原不比等』（朝日新聞社）などで詳論したが、いわゆる『記』・『紀』神話は八世紀のはじめに成書化をみた、いうならば記録された神話であった。

朝鮮半島の神話といえば、『三国史記《さんごくしき》』や『三国遺事《さんごくいじ》』などに収録されている神話が有名である。しかし『三国史記』は高麗《こうらい》王朝の仁宗《じんそう》二十三年（一一四五）に金富軾《きんふしょく》（一〇七五〜一一五一）によって撰述された紀伝体の史書であり、『三国遺事』は高麗僧の一然《いちねん》（一二〇六〜一二八九）が撰進した古典である（ただし一然の弟子が注記・追記した部分もある）。前者は十二世紀のなかばに、後者は十三世紀の後半に完成した。

もっとも『古事記』・『日本書紀』の成立化には、その前提に記録化されていたと考えられる『帝《てい》紀《き》』（大王・天皇の系譜や王子＝皇子、王女＝皇女のことなど）・『旧辞《くじ》』（氏族の伝承や歌謡・説話など）などがあった。とくに『日本書紀』の場合は、『日本世記』・『伊吉連博徳書《いきのむらじはかとこのふみ》』・『難波《なにわの》吉《き》士《し》男《お》人書《ひとのふみ》』・『日本旧記』などの国内史料のほか、百済三書《くだらさんしょ》（『百済記』・『百済本記』・『百済新撰』）、あるいは『魏《ぎ》志《し》』・『晋《しんの》起《き》居注《きょちゅう》』などの外国文献も引用し、さらに「一書」・「一本」・「或本《あるふみ》」・「旧本」・「別本」など、書名を冠していない史料をも参照した。

『記』・『紀』神話のすべてが、八世紀のはじめに記録化や造作されたとみなすのは早合点であり、そのなかには原伝承の史料や書物のたぐいがあった。『三国史記』・『三国遺事』の場合もそうである。たとえば『三国史記』の完成以前に、『三国史記』に先行して粛宗《しゆくそう》の代（一〇九六～一一〇五）に高得和の編集した『海東三国通暦』十二巻があり、睿宗《えいそう》の代（一一〇五～一一二二）に洪灌《こうかん》が「三韓以来の事跡」を編集したという。そしてこれとは別に『海東三国史』（『旧三国史』）が存在した。『三国遺事』もまた『駕洛国記《からこくき》』などを引用するように、『三国遺事』以前の史書や史料を参照してまとめられている。

だが、いまわれわれが認識する日本や朝鮮の神話の多くは成書化、あるいは記録化された神話である。このことは、中国やギリシアの神話の場合にもあてはまる。中国の神話でまとめられた形のものとして注目すべきものに、『楚辞《そじ》』の「天問《てんもん》」に歌われている巫祝者《ふしゆくしや》の伝承がある。「天問」は紀元前三世紀のはじめに近い楚王の陵墓祠堂《りようぼしどう》の壁面に描かれた神話に取材したものとみなされているが、その貴重な伝承を『楚辞』によってうかがうことができる。

『楚辞』は屈原《くつげん》およびその流れをくむ宋玉《そうぎよく》らの辞賦を、漢の劉向《りゆうきよう》が編纂したものだが、やはり文字化された伝承であることにかわりはない。

かつて中国は「神話なき国」といわれたが、はじめから神話がなかったわけではない。殷《いん》王朝にも戦国期にも神話はあった。だが、それらの神話は王朝の交替などもあって、語り伝えられた神話が、滅びたり隠されたりしたのである。

ギリシアの神話にかんしては、ホメーロスの『イーリアス』や『オデュッセイア』などのなかの神話が代表的なものだが、それとても吟遊詩人《ぎんゆう》たちが口誦したそのままが記録化されているとは断言できない。アテーナイの僭主のペイシストラトスが、パンアテーナイア祭のおり、ホメーロスを朗唱させるために、ホメーロスの作品をあつめてまとめたといわれているが、紀元前六世紀のころに、祭礼での朗唱としてホメーロスの作品が整理されたことはたしかであるとみなされている。

いまわれわれは、「日本の神話」を読むというスタイルをとっているが、そこには少なくとも、二つの問題が横たわっている。そのひとつは、神話は本来、口から耳へ、耳から口へと語り伝えられた、口頭による伝承として存在し、記録された神話、つまり書かれた神話は、二次・三次の所産であるということである。記録のさいに、筆録の目的、あるいは筆録者の条件によって、整理される場合が多い。削除・省略があったり、逆に付加・加上があったりする。そこには潤色や作為が作用する。まず第一に本源的には神話は語るものであり、聞くものであって、「読む」ものではなかった。

そのふたつには、「日本神話」といえばすぐに『記』・『紀』神話を連想するが、日本神話を代表する古典に『古事記』や『日本書紀』の神話があることは、いうまでもないけれども、『記』・『紀』神話すなわち日本神話のすべてではない。やはり書かれた神話という限界や制約をともなってはいるが、『古語拾遺《こごしゅうい》』や『先代旧事本紀《せんだいくじほんぎ》』などにも神話の伝承は記録化されており、断片的ではあっても『風《ふ》土記《どき》』・『万葉集《まんようしゅう》』あるいは『延喜式《えんぎしき》』などに収録する祝詞《のりと》などにも伝えられている。書かれた神話はもとよりのこと、書かれざる、隠された神話もその視野におさめて考察することが必要である。

神話のありよう　神話とはなにか。神話の定義はかなりむずかしい。極端ないいかたをすれば、神話学者それぞれの解釈があって、その定義は、それぞれにわかれているといってさしつかえないほどである。私などはその意味と内容にそくして、およそつぎのように考えている。

(イ)　この世の開闢《かいびゃく》における宇宙・自然・文化などの起源をはじめとして、カミ（精霊なども含む）とヒトとの重要なできごとを語り伝えた言葉

(ロ)　神話を信じこれを神聖視した集団（共同体）の生活の規範として機能し、規制力を保有した言葉

(ハ)　本来、聖なる時間・聖なる空間の場において語られた、ハレ（晴）の言葉

この三つの要素が、同じように口頭伝承の世界に属する伝説や昔話などと、神話とを区分する特徴ではないかと思っている。

神話はもともとハレの場において語り伝えられるものであって、俗なるケ（褻）の語りではなかった。このことを実感したのは、一九七一年の八月下旬、沖縄の先島《さきしま》（宮古・八重山諸島）の採訪調査にでかけたおりであった。宮古島の狩俣《かりまた》に伝えられる神々の語りを、巫女《みこ》（ツカサなど）や古老たちは、よそものの私に告げることはなかった。それは祭りの場における聖なる言葉であって、たまたま

来訪した研究者に語られるはずはない。そのみごとな拒否の姿勢に感動した。

伝説はものとできごとにそくして語られるものが多い。たとえば弘法大師《こうぼうだいし》（空海）の伝説にみられる、池・川・石・樹などにそくしての空海をめぐるできごとの語りである。即物性・即事性が伝説にはいちじるしい。そこには信仰的な要素もあるが、神話にうかがわれるような秘儀性・神格性・信仰性は希薄といえよう。そしてその内容が、たとえ非合理なできごとであっても、語る人・聞く人にとっては、かつての祖先たちが体験したできごととして語り伝えられる。体験性というべきものが、伝説をより特徴づけている。

しかし昔話ともなれば、かなりそのおもむきを異にする。まず「むかしむかしあるところに」と語りはじめられる昔話は、時と所や人物が特定されてはいない。たとえば昔話の主人公には固有名詞はなく、その非特定性がきわだつ。そしてその話のしめくくりは「であったとさ」（もちろん語りぐちや語りのリズムには地域性があり、結語も地域語、いわゆる方言によるものが多い）などというように、過去のはなしとして客観的にうけとめられる。これをかりに昔話の客観性とみなして類別しておく。そこには不思議と夢の世界があり、教訓性や想像性が内在する。

ところで昔話は、本格昔話・動物昔話・笑話などに分類されているが、昔話の語りは、「昼むかし（ばなし）はネズミが笑う」といわれるように、炉ばたなどの夜話が中心をなすが、語り爺さや語り婆さの世界ばかりでなく、村びとの共同作業や共同労働のいこいの場で語られる場合もあった。神話が主としてハレの場のハレの語りであったのにたいして、昔話が主としてケの場、ケの語りであるのとは対照的であるといえよう。

「神話」という漢字の熟語は、中国や朝鮮の古典にも、日本の古典にもみえない。『古事記』や『日本書紀』などにも、「神話」という用語はない。「神話」という表記はMyth, Mythusの翻訳語として、一八九〇年代から使われるようになったらしい。

「神話」よりも、その内容にふさわしい用語に「神語」（カムガタリ）があった。『日本書紀』の皇《こう》極《ぎょく》天皇二年（六四三）二月の条には、大和地域の巫覡《ふげき》（男女の巫）らが、枝葉を折りとって（玉串のたぐいであろう）木綿《ゆう》を垂れかけ、大臣《おおおみ》（蘇我蝦夷《そがのえみし》）が橋（広瀬川の橋か）を渡る時をうかがって、いそいで「神語入微」なることばを述べたと記す。そして同三年六月の条にも同類の伝承がみえて、「神語入微」のことばを述べる巫がはなはだ多いと書きとどめている。

この二つの記載については重複とみなす説などもあるが、いうところの「神語」は巫覡の託宣のたぐいであろう。その「神語」が神託のたぐいであったことは、やはり『日本書紀』の皇極天皇三年七月の条の、不盡河《ふじのかわ》（富士川）のほとりに居住した大生部多《おおふべのおお》がまつる、常世神《とこよがみ》の説話の記述によってもわかる。『日本書紀』はつぎのように述べている。

「巫覡ら、遂にあざむきて、神語に託《の》せて曰《いは》く『常世の神を祭らば、貧しき人は富《とみ》を致し、老《お》いたる人は還《かえ》りて少《わか》ゆ』と」。その「神語」は託宣を意味している。「神語」の用例は『古事記』（上巻）

にもあって、八千矛神《やちほこのかみ》（大国主神）が高志《こし》（越）の沼河比売《ぬなかわひめ》を妻どいする神話のなかの歌謡をめぐって、「これを神語といふ」と記す。この「神語」は「神語歌」の略であろう。

常世神の信仰の虚実については『古代の道教と朝鮮文化』（人文書院）などで言及したところだが、実年代はともかくとして、駿河《するが》のあたりにも、不老長生の道教の信仰がひろがっていたことはたしかであった。静岡県伊場《いば》遺跡出土の木簡のなかに「急々如律令《きゆうきゆうにょりつりよう》」という道教の呪言《じゆごん》を明記したものがあったのも参考になる。『古事記』や『日本書紀』の古訓は、「神語」を「カムカタリ」あるいは「カムコト」とよんでいるが、神話の本来のありようからすれば、神のハナシというよりは、神のカタリであって、古典の用語の「神語」のほうが「神話」よりもその内容にふさわしい。

(2) 記録と語部

神話の記録化　語られた神話は、もともと聖なることばの世界に属するものであった。その語られる神話においても、語りのなかみは、神や精霊に対する観念や意識の発展、神や精霊のまつりや儀式（祭儀）の展開、さらに語る人と聞く人の時と処・階級など（時処位）の移りかわりによって、そこに多様なコースが生まれる。神語りの内容にも、社会相・時代相・地域相が投影された。昔話などのいわゆる民話の場合にも「時代の変」があって、不変の口頭伝承とはいいがたい。その枠組みはかわらなくても、伝承のプロセスで、追加があり省略があり、さらに造作もあった。折口信《おりくちしの》夫《ぶ》の民俗学的アプローチはどちらかといえば、「変」よりも「不変」の「古代的要素」を重視したが、柳田国男のそれは、「不変」に注目しながらも、「時代の変」もその視野にふくまれていた。

ところで、語りつがれた神話が、なんらかの意味で文字化されてくると、「時代の変」はいっそういちじるしくなる。まず第一に、神話は語り手と聞き手の間柄において伝達されるのではなく、書き手と読み手の関係に変化する。したがって、聖なるまつりなどの場に参加しなくても、文字などによって読むことが可能になる。

そのために第二に、神話は文字化されることによって、公開性をもつようになり、神話の秘儀性・信仰性は希薄化する。したがって読む人にたいする神話本来の規制力もやがて消滅する。こうして最終的には語りつがれた神話の生命力は枯渇してしまうのである。

まして神話の記録化が支配者層の立場からなされるようになると、権力や支配の正当性を神話にもとめ、その権威化・カリスマ化に寄与するように作為されたり、体系化されたりする。筆録者たちもまたその目的に準じて記録する。加上・削除・潤色・造作がいっそういちじるしくなる。しかも読み手を予想しての筆録になる。

もっとも、口頭伝承としての神話が、ただちに読む神話へと変化したわけではなかった。読む神話へと推移する、その間の事情を単純に理解するのは尚早である。その過程もまた複雑・多様であった。

語りの段階から、読み語りの段階もあった。『日本書紀』の天智天皇九年（六七〇）三月の条には、「山の御井《みい》（おそらく大津市三井寺のあたりの泉であろう）のほとりに、諸神の座を敷きて、幣帛《みてぐら》を班《あか》つ、中臣金連《なかとみのかねのむらじ》（祭官。のちに神祇官の長に相当する中臣連金）、祝詞《のりと》を宣《の》る」と記し、また『同書』持統天皇四年（六九〇）正月の条には、持統女帝の即位にかんして「物部麻呂朝臣《もののべのまろあそみ》大盾をたつ、神祇伯中《なか》臣大嶋朝臣《とみのおおしまあそみ》天神寿詞《あまつかみのよごと》を読む」と記す。

なんでもない記載のようだが、「宣る」とか「読む」とかと書かれていること（とくに後者）に留意したい。すでにその「宣」・「読」は、祝詞や神話的伝承が文字を介して「宣」・「読」されていたことを傍証するとともに、しかもその場は明らかに祭儀の場であったことがわかる。これらの読・宣の場は、三月のまつりや即位の儀式の場であって、それなりの秘儀性・信仰性をともなっての読み語りであった。

『古事記』の序は、天武天皇が稗田阿礼《ひえだのあれ》に「勅語して、帝皇日継《すめらみことのひつぎ》（帝紀）及び先代の旧辞を誦習せしめたと述べる。有名な『古事記』撰進の勅語である。この「誦習」というのは、たんなる暗誦ではなく、すでに成書化していた『帝紀』や『旧辞』を「誦《よ》み習ふ」という意味であって、これもまた読み語りであった（詳しくは『鑑賞日本古典文学　古事記』角川書店の総説で論究した）。

日本の神話の場合にも、読み語りの段階があったと考えられる。その点で示唆にとむのは弥生時代の銅鐸《どうたく》絵画である。男女の人や鹿・鳥・亀・昆虫あるいは舟や倉庫、臼や杵で米をつく人など、興味深い配列図が、四区ないし六区のなかに描かれている。私などは、かねがねこれらの絵画には語りがついていたのではないかと考えてきた。考古学者のなかにも、叙事詩の詠誦と関連づけたするどい観察をすでに公表している先学がいる。そして「叙事詩の詠誦がなされ、おごそかに銅鐸が鳴らされる舞台としては、秋の収穫祭がもっともふさわしい」（小林行雄『古墳の話』岩波新書）との推測もあった。その当否はともかく、銅鐸絵画となんらかの詠誦とがかかわりをもったと考えることは妥当であろう。

私がそのように考えるのは、それなりの理由があってのことである。たとえばつぎの事例などが参考になる。

中国雲南省の西北部と四川《しせん》省の一部にまたがって居住するモソ（麽些）族のトンパ（多巴＝巫師）たちの棕櫚《しゅろ》の葉に描いた経文（貝葉経《ばいようきょう》）と同じような形式で、象形文字のひな形といえる文字のモソ経による伝承、そのトンパたちの朗誦は、読み語りである。報告（李霖燦「モソ経典にみるモソ族の象形文字」『えとのす』7号）によれば、完全な口承によるものと、モソ文字を媒体とするものがあるという。語りと読み語りとが併存するようである。

オーストラリアのアーネムランドや中央砂漠のアボリジニの古老が、岩壁画あるいは砂絵を朗誦する例（小山修三氏の教示による）なども、そうした絵画のたぐいを媒体とする語りといえよう。

アラスカのユピクエスキモーでは、少女が物語を語りながら、絵を土や氷の上にナイフで描くという（佐原眞氏の紹介による）。

アボリジニの場合は、具象画が古い形態で、抽象画のほうが進んだ形態のようだが、その語りの、モチーフや枠組みは不変でも、それらに地域による地域性があり、そこに加上があることはいうまでもない。語り書きの場合には、とりわけ造作が加わりやすい。

語りの伝承は、呪術師や司祭などによる口誦のくりかえしのなかで、口誦文学ともいうべき世界が形づくられてくるが、それらが絵画化されたり、文字化されたりして、読み語りの段階がはじまると考えられる。

語部の実相　古代日本の口頭伝承のにない手としては、多くの人びとが語部《かたりべ》をあげる。しかしその認識についてはさほど正当とは考えられない諸説もかなりある。そこで、神話と語部のつながりについても検討しておく必要がある。

日本の古文献や木簡などにみえる語部には、およそつぎの三つのタイプがあった。その第一類は宮廷の語り人や語りの集団で、『万葉集』の巻第三にみえる持統女帝の側近にいた志斐嫗《しひのおみな》はそうしたタイプに属する語りの女人であった。「天皇、志斐嫗に賜ふ御歌」の

否《いな》と言へど強《し》ふる志斐のが強語《しひがたり》このごろ聞かずて朕《あれ》恋ひにけり（二三六）

に和した志斐嫗の歌は

否と言へど語れ語れと詔《の》らせこそ志斐いは奏《まを》せ強語と言ふ（二三七）

であった。

志斐の語《かたり》に強《しひ》の語《がたり》をかけての応答歌だが、大王や天皇の側近にこうしたたぐいの老女がはべったことは、『古事記』の顕宗《けんそう》天皇の条や『日本書紀』の顕宗天皇元年二月の条や、同二年九月の条に記す老媼の置目《おきめ》の伝承にもみいだされる。折口信夫説では志斐媼を語部志斐氏の巫女とするが（「日本文学啓蒙」・「日本文学の発生」『折口信夫全集』所収　中央公論社）、天皇側近の女人に巫女的な性格を保有する老女があり、かつ宮廷の語りをになう女人が存在したことはたしかであった。

　これらの宮廷の語り人や語りの集団のなかには、各地域に出自をもち、後に宮廷に出仕した人びともある。老媼置目はもともと「淡海国にある」人であり（『古事記』）、「近江国狹狹城山君《ささきやまのきみ》の祖　倭《やまと》帒宿禰《ふくろのすくね》の妹《いも》」（『日本書紀』分注）であった。

『新撰姓氏録《しんせんしょうじろく》』（右京神別）には、天語連《あまがたりのむらじ》の系譜が載《の》っている。この天語連の本来は、『古事記』（上巻）に伝える「神語」歌の「あまはせづかひ」（海人駈使）の「ことの語りごと」にもうかがえるように、海人の語部の首長氏族であり、後に在京化したものと考えられる。『古事記』の雄略天皇の条に記す「天語歌」などは、天（海）語連が管掌した語部らが伝えたものであろう。

『日本書紀』の天武天皇十二年（六八三）九月の条には、語造《かたりのみやつこ》三十八氏が連姓《むらじのかばね》をあたえられたことがみえている。これら三十八氏の多くは畿内の伴造《とものみやつこ》系の氏族であるから、畿内のこの語造は同年九月二十三日以降は語連を称することになった。

　こうした第一類の語部にたいして、諸国の語部ともいうべき各地域に居住する第二類の語部が存在した。古文献や木簡などによってその分布が知られる第二類の語部はおおむねつぎのようになる。遠江《とおとうみ》・尾張《おわり》・美濃《みの》・近江《おうみ》・丹波《たんば》・丹後《たんご》・淡路《あわじ》・但馬《たじま》・因幡《いなば》・備中《びっちゅう》・阿波《あわ》などがそれである（「語部と伝承」『古代伝承史の研究』所収　塙書房。このほかにも古文献に語部を記す例はあるが、ここでは居住地のたしかなものにとどめる）。

これらの各地域の語部は、当該地域の首長層のもとで、それぞれの地域の口頭伝承の主たるにない手となった。だがこれらの人びとやその集団を、各地を巡行する「祝言人」や「祝言集団」あるいは語りの独立集団とみなす説にはしたがえない。彼らは、あくまでも部《べ》として位置づけられた部の民《たみ》であった。部の制度は、権力によって編成された社会的分業（宗教的機能も含む）の支配体系であると同時に、氏姓《うじかばね》の制度の基底をになう徴税負担の単位集団であった。

日本列島の各地域には、当然のことながら口頭伝承とかかわりをもつ集団があった。そのなかで部として組織されたのが語部であって、各地域に居住し、首長層に隷属して口頭伝承をになったのである。語部といえども部の民であったことを忘れてはならない。語部のみがその枠外にあったとはとうてい考えられない。

語部が、口頭伝承のみに従事した専業集団と認識する説もあやまりである。彼らは農民であったり、あるいは漁民であったりした（「語部の機能と実態」『日本古代国家論究』所収　塙書房）。そして語部君・語部臣・語部連・語部首などの有姓者に統属されたのである。

第二類の語部のなかには、宮廷の祭儀のおりなどに出仕したものがある。これらの語部は第一類と第二類の中間的性格をもっており、いまかりに第三類と名づけておく。たとえば大嘗祭《だいじょうさい》などに参加して、「古詞」を奏上した美濃・但馬・出雲・因幡・丹波・丹後・淡路の語部がそれである（『儀式』・『延喜式』など）。

貞観《じょうがん》の『儀式』では、美濃から八人、但馬から七人、因幡から三人、丹後から二人、淡路から二人、丹波から一人（『延喜式』では丹波から二人とする）が参向したことを記す。伴《とも》（大伴）宿禰《すくね》・佐伯《さえき》宿禰（各一人）に率いられて東西の掖門《えきもん》から入り、「古詞」を奏上した。常時、宮廷に出仕した在京の語部ではなく、臨時に宮廷に参向した語りの人びとであった。

語部は神話のみを語り伝えたのではなかった。歌謡や物語などの口誦詞章もうけついだし、民間説話のたぐいも伝承した。語部は神まつりの場でも「奏」したが、ケの場でも語りついだ。そのことは、たとえば『出雲国風土記』に物語る語臣猪麻呂《かたりのおみいまろ》の娘と和爾《わに》（わにざめ）をめぐる伝承をみても明らかである。すなわち意宇《おう》郡比売埼《ひめさき》の地名起源説話として、語臣猪麻呂の娘が和爾にかみ殺されたのを嘆き悲しんだ猪麻呂が、鉾で和爾を刺し、和爾の腹をさいて娘の脛《はぎ》をとりだす説話がそれである。和爾を串ざしにして、路のほとりに立てたという。

この伝えの文末には注記があって、語臣猪麻呂は「安来郷《やすきごう》の人、語臣与《かたりのおみあたう》が父なり」と明記し、「その時（飛鳥浄御原《あすかきよみはら》御宇天皇の甲戌年＝天武天皇三年＝六七四）より以来、今日に至るまでに六十歳をへたり」と述べる。語臣猪麻呂の娘と和爾との説話は、天武天皇三年のできごととし、実在の人、つまり安来郷の語臣与の父を媒体としての物語となっている。その内容は、神話というよりはむしろ伝説的要素が濃厚であって、出雲国安来郷の語臣らの、むかしがたりとして伝承されていたことがわかる。

語部と古代の口頭伝承は、密接なかかわりをもったが、神話のみが語部によって伝承されたなどとする単純な理解にもしたがえない。

(3) 神代史のなりたち

『記』・『紀』の成立過程　『古事記』や『日本書紀』の神話は、『古事記』の上巻と『日本書紀』の巻第一・巻第二、すなわち両書の神代巻に、よりまとまった形でまとめられている。『古事記』の中・下巻や『日本書紀』の巻第三～巻第三十にも、断片的ながらも神話の伝承が収められているが、『記』・『紀』の神代巻が、体系的に構成されていることは多言するまでもない。それらは歴史的に順序だって編述されており、「神代史《じんだいし》」ともいうべき要素がきわだっている。

「神代史」なる用語を『記』・『紀』にかんして用いた最初のひとりは津田左右吉博士であった。津田史学にかんする私見は、かつて詳論したことがある（「津田史学の成果と課題」『日本古代国家成立史の研究』所収　青木書店）。津田史学が、太平洋戦争後の日本古代史の研究に多大の影響をおよぼしたことは、周知のところである。とりわけ津田博士の文献批判にもとづく研究は、その後の考察の大きな前提となった。

『古事記』の編集はその序によれば、天武天皇が「朕聞く、諸家の賷《も》たる帝紀及び本辞、既に正実に違《たが》ひ、多く虚偽を加ふと。今の時に当《あた》りて其の失《あやま》りを改めずば、未《いま》だ幾年をも経《へ》ずしてその旨《むね》滅びなむとす。これ乃《すなわ》ち邦家の経緯《けいい》、王化の鴻基《こうき》なり、故《かれ》惟《こ》れ、帝紀を撰録し、旧辞を討覈《とうかく》して、偽りを削り実を定めて、後葉《のちのよ》に流《つた》へむと欲《おも》ふ」と「勅語」したのを発端とする。

稗田阿礼《ひえだのあれ》が「帝皇日継（帝紀）及び先代旧辞（本辞）」を「誦習」し、和銅四年（七一一）の九月十八日に太安万侶《おおのやすまろ》に、元明《げんめい》天皇が詔《みことのり》して、「稗田阿礼の誦《よ》む所の勅語の旧辞を撰録」せしめ、和銅五年の正月二十八日に完成して献上をみた。

「諸家の賷たる帝紀及び本辞」が「正実に違ひ、多く虚偽を加ふ」とうけとめての「削偽定実《さくぎていじつ》」の「誦習」であり「撰録」であって、その目的は「邦家の経緯」（国家の根本）と「王化の鴻基」（天皇徳化の基礎）としての「フルコトブミ」（『古事記』）の編集であった。

『日本書紀』の場合はどうか。『続日本紀』の養老四年（七二〇）五月二十一日の条には、「是より先《さき》、一品舎人《とねり》親王勅を奉りて、日本紀（『日本書紀』）を修す。是に至りて功成りて奏上す。紀三十巻、系図一巻」と記す。その完成年次は養老四年の五月であった。問題は「是より先」という「奉勅」の時期である。舎人親王は天武天皇の第三皇子で、持統天皇九年（六九五）正月には、浄広弐《じょうこうに》（後の従四位相当）に昇任し、養老二年正月には二品《にほん》（皇族の品位二等）から一品親王となった。「是より先」がはたしていつか、さだかにすることはできないが、『日本書紀』三十巻の最終的仕上げの時期が、和銅三年三月の平城遷都以降であることは、つぎの叙述からも明らかである。

『日本書紀』の天智天皇七年（六六八）二月の条の本文には、「阿倍《あべ》皇女（後の元明天皇）、天下をしらしむるに及《いた》りて、藤原宮にまします。後に都を乃楽《なら》（平安京）に移す」と明記してある。この文の執筆が、平城遷都以後であることは動かない。

またつぎのような『日本書紀』編集者が、本文記述に参照した出典のありようも、すこぶる参考になる。たとえば『日本書紀』の巻第十九（欽明天皇の巻）には、唐の義浄《ぎじょう》が長安三年（七〇三）に新訳した「金光明最勝王経《こんこうみょうさいしょうおうきょう》」の文言によって書かれている箇所がある。ところでこの新訳の「金光明最勝王経」が遣唐使によってわが国にもたらされたのは、養老二年（早くとも慶雲四年＝七〇七）であり、新訳の「金光明最勝王経」請来以前に、『日本書紀』の編集者が参照しうるはずはない。

しかし舎人親王のもとでの修史が、『日本書紀』のなりたつプロセスのすべてではなかった。そこにはつぎのような前史があった。そのありようを示すものとして注目されるのは、天武天皇十年（六八一）の三月十七日にはじまる「帝紀及び上古の諸事」の記定である。これもまた天武天皇の詔をうけて、川嶋皇子以下十二名が中心となり、中臣連大嶋《なかとみのむらじおおしま》と平群臣子首《へぐりのおみこびと》が「みずから筆を執《と》りて以《もっ》て録」した（『日本書紀』）。

天武天皇十年は辛巳《かのとみ》年にあたる。一九八五年の秋、伝飛鳥板蓋宮《あすかいたぶきのみや》跡（飛鳥浄御原宮《きよみがはらのみや》跡か）で多くの削片木簡が出土したが、そのなかには「辛巳年」ほか「大津皇子」、「大來《おおく》（大伯）皇女」など貴重な木簡があった。そして「阿直史友足《あちきのふひとともたり》」の氏名木簡も存在した。あるいは辛巳年の「帝紀及び上古諸事」の記定事業と関連をもつ削片木簡かもしれない。

こうした修史の事業を前提として完成をみた『日本書紀』が、日本国の「紀」としてなりたったものであることは明白であった。「フルコトブミ」としての『古事記』と、日本国の「紀」としての『日本書紀』の編纂事業が、天武朝に具体化し、いわば同時的進行をみたのは、両書の編集目的に差異があったことにもとづくとみなすべきであろう。

『記』・『紀』の内容を文献批判し、その作為と潤色を随所に指摘した津田博士が、天武・持統朝以後の「追補」や「改変」を実証したとする見解もあるが、そのような見方は津田史学における「古事記及び日本書紀の新研究」の成果にそくした評価ではない。

むしろ津田博士の研究成果において、もっとも注意すべきは、その原帝紀論や原旧辞論にあって、「帝紀と旧辞との最初の編纂が六世紀の中ごろであった」（『日本古典の研究』上　岩波書店など）とする想定にあった。

伝承と筆録　もっとも、津田説が「欽明朝前後」のみを重視していたわけではない。そのことは「そのうちには遥かに古い時代から語り伝へられてゐる民間説話の類がそのままに、或は、いくらか形をかへて、採り入れられ編みこまれたものがあることは、後にいふ通りである」として、その「追補」にかんし、「後になってそれが種々に、また幾度も、変改せられ、従って幾様かの異本ができて来て、それが諸家に伝へられてゐた」(『日本古典の研究』上)と述べられていることからも明らかである。

津田博士の『記』・『紀』批判の業績を高く評価することに、私もまたやぶさかではない。だが津田史学が天武・持統朝以後の造作や潤色をみきわめたとするようなうけとめかたは、二重・三重にあやまっている。むしろ津田博士の研究成果における大きな課題は、原帝紀・原旧辞の成立の前提やその背景についての分析が十分ではなく、またいうところの「民間説話の類」の論究もすこぶるあいまいであって、「遥かに古い時代から語り伝へられてゐる」と記す、その「語り伝へ」の実体についても、ほとんど論述されていないところに、残された問題があった。

そして原帝紀・原旧辞の成立後の「追補や変改」についての指摘こそあったが、『古事記』や『日本書紀』の、最終的編纂段階における「削偽定実」などのプロセスにかんする観察も不足していた。

私見では、学界で通説化している「帝紀と旧辞との最初の編纂が六世紀の中ごろであった」とみなした津田説をめぐっても、なお検討すべき余地があると考えている。そのことは、一九七三年に公にした『大王の世紀』(小学館)でも言及した。「帝紀と旧辞の原形」という節のなかで、「津田説のように、原帝紀・原旧辞の『最初の編集』がはたして、六世紀の中葉と断定しうるものかどうか」と疑問を提示し、王者の諱《いみな》(実名)と諡《おくりな》の問題を手がかりとしながら若干の考察をこころみたのも、私なりの思索にもとづいてのことであった。

その点を吟味するさいに、きわめて示唆にとむのは、埼玉県行田《ぎょうだ》市さきたま古墳群の稲荷山《いなりやま》古墳出土の鉄剣銘文である。稲荷山古墳の発掘調査は一九六八年に実施されており、その副葬品のなかに百十五字の金象嵌《ぞうがん》銘のある鉄剣があった。そしてX《エックス》線によってその銘文が判明したのは一九七八年九月であった。

「辛亥年七月中記」にはじまり「記吾奉事根原也」でおわる銘文の検出は、五世紀史の実相をみきわめるのに大きく寄与することになった。稲荷山古墳の築造年代は六世紀のはじめと想定されており、「辛亥年」は四七一年とするのが妥当である。銘文に記す「獲加多支鹵《わかたける》大王」は倭王武すなわちワカタケルノミコト(雄略大王)とみなす説があたっていよう。

この鉄剣銘文では「此百練利刀」と記されていることもみのがせないけれども、それ以上に注目すべきは「乎獲居臣《おわけのおみ》」が「世々、杖刀人首《じょうとう》として奉事し来り今に至る」と述べていることである。「杖刀」は「儀刀」の類で、「杖刀人首」とは大王側近の武官的官人の首長であろう。そのありようは熊本県菊水町の江田船山《えだふなやま》古墳出土の大刀銘文にみえる「典曹人《てんそう》」(文官的官人と考える説が適切と思われる)と対比して、大王がめぐる官人制をうかがう史料となる。

一九七八年九月の稲荷山古墳出土の鉄剣銘文の検出に接して、まず想起したのは、韓国慶州の瑞鳳《ずいほう》塚《づか》出土の銀合杅《ごうう》の銘文であり、また銘文中の乎獲居臣の上祖にかんする八代のタテ系譜であった。「七月中記」という書法は朝鮮半島関係の史書や金石文などにあって、たとえば瑞鳳塚銀合杅銘には「太歳在卯三月中」とある。そして「鉄剣銘文に八代もの系譜をしるすのは、当時口頭伝承ばかりでなく、文字で系譜伝承が書きとどめられていたことを物語る」とその意義に注目した（「読売新聞」一九八七年十月十一日夕刊ほか。読売新聞社浦和支局編『辛亥銘鉄剣と埼玉の古墳群』）。

その祖先を「乎獲居臣上祖」と書く用例は、『日本書紀』（巻第二）に「中臣上祖天《あめの》児屋命《こやねのみこと》」、「忌部上祖太玉命《ふとたまのみこと》」、「猿女上祖天《あめの》鈿女命《うずめのみこと》」、「鏡作上祖石凝姥命《いしこりどめのみこと》」、「玉作上祖玉屋命《たまのやのみこと》」などと記す例などにもみいだされるように、ほかにもある。

ところが「七月中記」という書法は、主として朝鮮関係史（資）料に多い。こうした「中」字の用法は「何年に」あるいは「何月に」という時格を表す用法であり、この「中」と「記」の字の用法をセットにした文字づかいは「朝鮮三国から渡来した人々が、その才をもって文筆の業に起用され、自国の文字遣いを反映させせつつ撰したもの」とする論証が、私見とは別になされている（藤本幸夫「古代朝鮮の言語と文字文化」『日本の古代』14所収　中央公論社）。

私もまた一九八八年四月三十日の日本考古学協会研究大会の記念講演「辛亥銘鉄剣と古代史」で詳論したが、「書者張安也」と明記する江田船山古墳大刀銘文に「八月中」とあり、渡来系の「鞍首《くらのおびと》止《と》利《り》（鞍作鳥）仏（佛）師造」の法隆寺釈迦《しやか》如来《によらい》像光背銘文に「三月中」などとみえるのも、渡来系の筆録者による文字づかいと考えられる。

鉄剣銘文中の「意富比跪《おおひこ》、其児多加利足尼《そのこたかりすくね》」などの表記も『百済記』の「那加比跪《なかひこ》」・「沙至比跪《さちひこ》」などと同じであり、群馬県高崎市の山ノ上碑文の「児斯多々弥足尼《こしたたみすくね》」の表記とも類似する。

稲荷山鉄剣銘文の冒頭に「辛亥年七月中記」とあって、またその銘文の末尾に「記吾奉事根原也」とあるのは「記」の重複であり、冒頭の「記」は「紀」ではないかとするような憶測もあったが、それは無理である。山ノ上の碑文は、わずか五十三字だが、その冒頭に「辛巳歳集月三日記」とあり、文末に「母為記定文也」とある。なお、この「辛巳年」は天武天皇十年（六八一）、「集月」は十月をさす。こうした用法は、渡来系の記録関係者を核とする史部《ふひとべ》流の書法にみえるところであって、以上述べてきたような状況にかんがみても、稲荷山古墳出土の鉄剣銘文は、おそらく渡来系の人によって記されたと想定できる。

氏族の祖先系譜伝承の筆録は、少なくとも五世紀後半には行なわれていたことが、この鉄剣銘文によって判明した。「欽明朝前後」以前にも、『旧辞』のたぐいの記録はありえたといってよい。

津田説では、六世紀の中ごろ最初に編纂された『帝紀』や『旧辞』が、「種々に、また幾度も変改せられ、従つて幾様かの異本ができて来て、それが諸家に伝へられてゐた」ということになるが、宮廷における原帝紀・原旧辞のなりたちとは別に、地域の首長層のもとで、有力氏族ごとの系譜あるいは「上古の諸事」が筆録化されて、「諸家に伝へられてゐた」ケースもあったとみなすべきであろう。

『記』・『紀』神話の特色　『古事記』や『日本書紀』の神話を、人びとは「記紀神話」とよぶけれども、『古事記』の上巻および『日本書紀』の巻第一・巻第二のいわゆる神代巻にあって、その両書の神話伝承にはかなりのひらきがある。まず第一に、両書の神代巻に登場する個別神の数にかなりのちがいがあった。『古事記』には二百六十七神が登場するが、『日本書紀』においては本文に六十六神、本文の神以外は「一書」に百十五神（計百八十一神）となり、そのうちで『記』にみえる神は百十二神であって、他の六十九神は『記』には記されていない（上田賢治「祭神」『講座日本の民俗宗教』(1)所収　弘文堂）。

つまり(1)『記』のほうが『紀』よりも個別神名の数が多く、(2)『紀』の「一書」のみが伝える独自の神名数は五十九神で、『紀』の「一書」の所伝のみに伝える神名がかなりあることがわかる。

そればかりではない。『記』・『紀』両書に記述する神話においても、そのなかみにはかなりのちがいがあることもみのがせない。

(イ)　造化の三神と神世七代の場合　『記』はいわゆる「造化三神」について、「高天原に成《な》りませる神の名は、天之御中主神《あめのみなかぬしのかみ》、次に高御産巣日神《たかみむすひのかみ》、次に神産巣日神《かみむすひのかみ》」とその冒頭に記す。『紀』ではどうか。『紀』はその本文には「造化三神」は載せずに、第四の「一書」の「又曰《またいは》く」として「高天原に所生《なり》ます神の名は、天御中主尊、次に高皇産霊尊《たかみむすひのみこと》、次に神皇産霊尊《かみみむすひのみこと》」と述べる。「至貴をば尊と曰ふ、自余をば命と曰ふ」（『紀』巻第一の分注）という筆法にしたがって、「尊」の字を用いているが、『紀』

がとくに「高皇産霊」・「神皇産霊」と「皇」の字をつけているのを軽視できない。皇祖の「産霊神」とする意識は、『記』よりも『紀』のほうに濃厚に反映されている。

いわゆる「神世七代」のあつかいも、両書では異なっている。『記』では『紀』にない「別天神《ことあまつかみ》」（五柱）を特記して、前掲の「造化三神」に「宇摩志阿斯訶備比古遅神《うましあしかびひこぢのかみ》」と「天之常立神《あめのとこたちのかみ》」を加える。そして「国之常立神《くにのとこたちのかみ》」と「豊雲神《とよくものかみ》」（独神《ひとりがみ》）に「宇比地邇神《うひぢにのかみ》」・「妹須比智邇神《いもすひぢにのかみ》」以下対偶神十神（二神で「一代」とする）で、「神世七代」を構成した。

ところが『紀』の伝承は、もっと複雑であった。「国常立尊《くにのとこたちのみこと》」・「国狭槌尊《くにのさつちのみこと》」・「豊斟渟尊《とよくむぬのみこと》」の「純男」三神に、「泥土煑尊《うひぢにのみこと》」・「沙土煑尊《すひぢにのみこと》」以下対偶神八神を加えて、「神世七代」を形づくる。しかもその八神の伝承も、本文と「一書」では、くいちがいがある。

このような「造化」三神、「純男」三神、「別天神」五神、「神世七代」の「三」・「五」・「七」を聖数とする観念は、中国風の思想にもとづくものだが、こうした差異にもみいだされるように『記』・『紀』両書の「神代巻」は、その冒頭から記述のちがいがみられる。

(ロ)　誓約《うけひ》の神話　『記』・『紀』にはともにアマテラスオオミカミとスサノヲノミコトとが天安河《あめのやすかわ》をなかにして宇気比《うけひ》（誓約）をする神話を書いている。しかしその細部はことなっていて、『記』ではスサノヲの「清明」なる心は、宗像《むなかた》三女神（タキリヒメ・イチキシマヒメ・タキツヒメ）が生成したことによって証明されたと記すが、『紀』では逆に、スサノヲノミコトの「清き心」はアメノオシホミミノミコト以下の五男神が生成したことによって、証明されたことになる。

㈧　黄泉国《よみのくに》訪問の神話　イザナギノミコトが黄泉国を訪問する有名な神話もまた、『記』・『紀』両書で、その内容にかなりの差異があるばかりか、『紀』では本文であつかわずに、「一書」の所伝を列挙するにとどめている。

㈡　葦原《あしはら》の中《なか》つ国《くに》の平定　荒《あら》ぶる神の居住する葦原の中つ国の平定をめぐる神話の詞章は、これまた『記』・『紀』両書に記載されているが、重要な点でくいちがいがある。たとえば、中つ国の平定を命ずる高天原の司令神を、『記』が天照大御神《あまてらすおおみかみ》と高御巣日神（高木神《たかぎのかみ》）とするのに対して、『紀』では高皇産霊尊のみとする（本文と第二・第四・第六の「一書」）。そうしたちがいは、後述するように『記』・『紀』神話のピークともいうべき、天孫降臨の詞章でも同様であった。

中つ国平定のための派遣神もことなっており、『記』では「建御雷神《たけみかづちのかみ》」と「天鳥船神《あめのとりふねのかみ》」とするのに、『紀』では「武甕槌神《たけみかづちのかみ》」と「経津主神《ふつぬしのかみ》」などを記す。

これらの例のほかにも、いろいろと記録伝承上の相違があって、ひとくちに「記紀神話」などとはいいがたい。しかも『記』のみにあって『紀』にはない神話伝承（たとえば稲羽《いなば》の素菟《しろうさぎ》や八千矛神《やちほこのかみ》＝大国主命の妻どい、あるいは大年神《おおとしのかみ》の神統譜など）もあれば、逆に『紀』だけにあって、『記』にはない神話伝承（たとえば保食神《うけもちのかみ》と月読神《つきよみのかみ》の神話など。後述参照）もある。

しかし、にもかかわらず、あえて「神代史」とも称されるのは、後に論究する朝鮮の神話などとは明らかにそのなりたちを異にし、より整序化され、歴史化された構成と体系を、『記』・『紀』の神話が具体化しているからである。

天地開闢《かいびゃく》→国生み・神生み→天石屋戸《あめのいわやど》（天石窟戸）→中つ国平定→国ゆずり→天孫降臨→海幸《うみさち》・山幸《やまさち》の神話へという「神代史」の枠組みは、『記』・『紀』両書にあってみごとに貫徹されている。そのことが「神代史」ともよばれる所以《ゆえん》である。こうした、「神代史」としての性格と、そのなかみの矛盾と異相をみきわめる作業をなおざりにするわけにはいかない。

第二章　古典の神話

(1)　風土記・祝詞の諸相

旧聞異事の内実　日本の神話イコール『記』・『紀』の神話と思いがちである。たしかに『記』・『紀』神話は、日本の古典神話を代表する神話にはちがいないが、『記』・『紀』神話が日本の古典神話のすべてではない。これから略述する各国々の「風土記」に記す神話伝承、『万葉集』の歌謡、あるいは『古語拾遺《こごしゅうい》』や『先代旧事本紀《せんだいくじほんぎ》』、はたまた『延喜式《えんぎしき》』の祝詞《のりと》や賀詞《よごと》などに述べる神話伝承も、日本の記録された神話の貴重な遺産である。日本神話の考察はややもすれば『記』・『紀』神話中心になりやすいが、これらの神話伝承もまた軽視するわけにはいかない。

そこでまず「風土記」の神話から、若干の検討をこころみることにしよう。その前提として、あらかじめ認識しておかねばならない重要なことがらがある。それは古代日本の「風土記」の性格である。すでに詳説したことがあるように（上田正昭編『風土記』日本古代文化の探求シリーズ　社会思想社）、古代日本の「風土記」の多くは、各地の古老の「旧聞異事」をそのままに書きとどめた記録や文書ではなかったということである。『続日本紀《しょくにほんぎ》』に述べる、いわゆる「風土記」撰述の命令はつぎのようである。

和銅《わどう》六年（七一三）五月二日の下命をうけて、

（1）郡郷名を好字（嘉字）とし
（2）各国郡内の銀・銅・草木・禽獣・魚虫などの色目《しきもく》（種類）
（3）各地の土地の地味・肥瘠《ひせき》（肥えているかやせているか）
（4）山川原野の由来
（5）古老の旧聞異事などを記載する。

以上にかんすることがらを中心として選進することになる。すなわちいわゆる「風土記」は、各国の国司層を主体に、平城京の政府に記録して言上した上申文書、すなわち「解《げ》」であるという点がそれである。

「風土記」という書物の名は、すでに早くから中国に存在した。後漢《ごかん》の盧植《ろしょく》の『冀州《きしゅう》風土記』や『晋書《しんじょ》』の周処伝《しゅうしょでん》に、その著作として『風土記』などがあるのをみてもわかる。ところが日本で確実に『風土記』という書名がみえている古い例は、延喜十四年（九一四）の三善清行《みよしきよつら(ゆき)》の「意見封事」である。

まず第一に和銅六年五月二日の、いわゆる「風土記編纂」の命令じたいに『風土記』を編集せよとは述べられていない。

『風土記』だからといって各国の地誌や古老の伝承などが、そのままに記録されているとみなすわけにはいかないのである。事実、和銅六年の下命をうけて上申された文書（「風土記」）の古写本（原本は現在に伝わっていない）には、「出雲国」「播磨国」などとあって、「風土記」とは書かれておらず、「解」の文書形式をとっている。

和銅六年の下命のもとに編纂された「風土記」として有名なものは、つぎのいわゆる五風土記である。(イ)播磨国、(ロ)常陸国、(ハ)出雲国、(ニ)肥前国、(ホ)豊後国がそれであった。

(イ)と(ロ)の編集の主体は国司層であり、(ニ)と(ホ)は大宰府の官人層であった。(ハ)のみが現伝の古写本では、出雲国の国造で意宇《おう》郡の郡大領（郡の長官）を兼ねていた出雲臣《いずものおみ》広島（広嶋）と、秋鹿《あいか》郡の神宅《みやけの》臣《おみ》金太理（「全太理」とするものが多いが、細川家本は金太理）であった（郡司層が編集の主体であるのは、現伝の古写本は平城京の政府へ上申したものとは別の、在地におかれた別本・副本かもしれない）。

そして和銅六年の下命のもと、ただちに上申されたのではなく、成立の順でいえば、『播磨国風土記』がもっとも古く、霊亀《れいき》元年（七一五）の三月のころまで、ついで『常陸国風土記』の養老二年（七一八）五月以前（ただし養老三年のころに一部加筆されたと思われる部分もある）、『出雲国風土記』の天平五年（七三三）、天平十一年の末のころまでの『肥前国』・『豊後国』の風土記ということになる。

これ以外の「風土記」のありようは、後の文献などに利用されている逸文《いつぶん》によってうかがうほかはない。もっとも前掲の五風土記も、すべて巻首から巻末までを記録した完本ではなかった。唯一の完本は『出雲国風土記』のみであり、ほかの四風土記には欠損の部分がある。

さらに各国の「風土記」が、和銅六年の下命の五項目に忠実な編集を行なったわけではなかった。たとえば第三項目の土地の肥瘠の記述がもっとも詳しいのは『播磨国風土記』であり、『出雲国風土記』は島根郡蜈蚣島《むかでじま》の条など、四か所に記してあるにすぎない。

軍団や烽《とぶひ》（のろし台）について特記するのは、『出雲国風土記』であり、天平三年のころからの対新羅関係の交渉悪化という情勢（天平四年に山陰道節度使として多治比県守《たぢひのあがたもり》が派遣されている）が反映されていた。軍団や烽のことは、和銅六年の下命にはなかった事項であった。

出雲神話の特色　『出雲国風土記』にみえる出雲神話の特色については、これまでにもたびたび言及してきた（『出雲の神々』筑摩書房ほか）。『記』・『紀』にも出雲系神話は記載されているが、（『記』・『紀』の場合、あえて「出雲系」と類別するのは、出雲在地の神話がそのままに記載されているとは考えていないからである）、そのなかみのへだたりは、きわめていちじるしい。ここでは顕著な例の若干をとりあげて紹介することにしよう。

まず第一に『出雲国風土記』には、『常陸国』や『播磨国』、あるいは『肥前国』・『豊後国』の風土記にみえるような、大王ないし天皇、王族・皇族の巡幸にかんする説話はまったくみえない。

そして第二に、意宇《おう》郡の冒頭に記す「国引き」の神話にもみいだされるように、『出雲国風土記』

のみが伝える独自の神話を載《の》せる。ヤツカミヅオミヅヌノミコト（八束水臣津野命）が「国来《くにこ》、国来」と引きよせる壮大で在地性豊かな国引き詞章は、出雲臣らが机上で作成したものとはとうてい考えられない。

この国引き神話の詞章は、十二音節前後からなりたち、韻律にとんで、古語のおもむきを今に伝える。そしてそれは『記』・『紀』神話などが記録しない、出雲独自の神話となっている。

ヤツカミヅオミヅヌノミコトは、『出雲国風土記』の伊努《いぬ》郷や神門水海《かんどみずうみ》の条にもみえる在地の神であり、同類の神名は、わずかに『古事記』（上巻）の神統譜に「淤美豆奴神《おみづぬのかみ》」とみえるにすぎない。

第三に『記』・『紀』のいわゆる出雲系神話では、出雲は国ゆずりの主要な舞台となっているが、『出雲国風土記』では、その神話の内容がすこぶることなったものになっている。高天原の派遣神として『記』・『紀』神話はタケミカヅチノカミ（ミコト）を特筆するが、『出雲国風土記』には登場しない。フツヌシノミコトはどうか。「布都努志命《ふつぬしのみこと》」は楯縫《たてぬい》郷・山国《やまぐに》郷にみえているが、国ゆずり神話との関連は物語られてはいない。

『出雲国風土記』が「大神」とたたえて記すのは、熊野大神・野城《のぎ》（能義）大神・佐太《さた》（佐陀）大神であり、とくに大穴持命《おおあなもちのみこと》は「天の下造らしし大神命」（十例）、「天の下造らしし大神大穴持命」（六例）、「天の下造らしし大穴持命」（一例）と畏敬されている。

いわゆる国ゆずりにかんする大穴持命のことあげにおいても、『出雲国風土記』のそれは、『記』・

『紀』神話とはかなりちがっている。「我が造りまして、しらす国は、皇御孫命《すめみまのみこと》、平らけく御世《みよ》知らせと依さしまつらむ」としながらも、「但《ただ》、八雲立つ出雲国は、我が静まります国と青垣《あおがき》山めぐらし賜ひて、玉珍《たま》置き賜ひて守らむ」とするものであった。全面的な服属の誓詞とはなっていないのである。

第四に、出雲の神話といえばスサノヲノミコトによる八岐《やまた》（八俣）の大蛇《おろち》退治の神話が有名だが、八岐の大蛇退治の神話じたいが『出雲国風土記』にはみえていない。クシイナダヒメがいけにえになるのを、スサノヲノミコトが救って成婚するという神話、そのクシイナダヒメの伝承もまた記載されていない。ただ一か所、クシイナダヒメに似ている「久志伊奈太美等与麻奴良比売《くしいなだみとよまぬらひめ》」という名が記されているのにとどまる（飯石《いいし》郡熊谷《くまたに》郷の条）。

大穴持命が「高志の八口《やくち》」を平定する伝承が母理《もり》郷や拝志《はやし》郷の条にみえるが、その主人公はスサノヲノミコトではなく大穴持命であり、「八口」というも八岐の大蛇ではなくて、地名としての「八口」であった。

第五に、『出雲国風土記』の降臨伝承には独自のものがある（『常陸国風土記』や『日向国風土記』の逸文などにも、それぞれの降臨伝承をのせる。後述参照）。出雲郡健部《たけるべ》郷の宇夜都弁命《うやつべのみこと》や飯石郡飯石郷の伊毗志都幣命《いひしつべのみこと》の天降る神の伝承などがそれである。

いまは代表的な例を五つばかりあげたにすぎないが、このように『記』・『紀』の出雲系神話と、『出雲国風土記』の出雲神話とのあいだには、明白な断層が介在する。

在地の神話伝承　『出雲国風土記』の神話のみではない。その他の「風土記」の神話にあっても、在地性の濃厚な神話伝承が散見する。たとえば『常陸国風土記』の場合には、つぎのような独自の神話を書きとどめている。香島《かしま》郡に記す天降る「香島の天の大神」の神話や、久慈《くじ》郡に記述する天降るタチハヤヲノミコトの神話がそうであり、とりわけ福慈《ふじ》（富士）の神と筑波《つくば》の神をめぐる「新粟《わせ》の新嘗《にいなめ》」の伝承（筑波郡の条）などは有名である。

『播磨国風土記』においても、貴重な伝承が記載されている。揖保《いひぼ》郡・宍禾《しさわ》郡・讃容《さよ》郡などに記述する在地の伊和《いわ》大神の伝承をはじめとして、オオナムチとスクナヒコナ両神の「堲《はに》の荷をになひて、遠く行くと、屎《くそ》まらずして遠く行くと、此の二つの事何《いず》れかよくせむ」というやや笑話めいた所伝など、『記』・『紀』の神話とは異質の伝えを記す。

「肥前国」や「豊後国」の『風土記』は、別に考証したことがあるように（「古代王朝と巡幸伝説」『日本古代国家成立史の研究』所収　青木書店）、『日本書紀』の文章をもとにして書かれたところがあり、かならずしも、在地の伝承のすべてを収録したものではないが、『肥前国風土記』の姫社《ひめこそ》郷の「珂是《かぜ》古《こ》」と荒ぶる神の伝承や、『豊後国風土記』の球覃《くたみ》郷の「蛇龗《おかみ》」（水神）の伝承などには、やはり独自の要素が認められる。

逸文においても、注目すべき所伝はかなりある。『山城国風土記』逸文の可茂《かも》（賀茂）社の伝承をめぐる玉依日売《たまよりひめ》の「丹塗矢《にぬりや》」の神話とか、あるいは『日向国風土記』逸文の知鋪《ちほ》郷の所伝とかがそうである。

丹塗矢の神話は、京都の賀茂社のみに伝承されているわけではないが、賀茂建角身命《かもたけつのみのみこと》と丹波の神伊《かむい》可古夜日女《かこやひるめ》のあいだの子とする玉依日子《たまよりひこ》・玉依日売の神統譜は独自のものであり、乙訓《おとくに》の火雷神《ほのいかづちのかみ》の由来とも重なっての伝えには、注目すべきものが含まれている（「乙訓の神々」『向日市史』上巻所収、『古代学とその周辺』人文書院）。

『日向国風土記』の逸文のそれは、たんなる地名起源説話の枠をこえての在地伝承のいぶきを断片的ながら伝えている。すなわち天孫降臨のおり、「天くらく、夜昼別《わ》かず、人《ひと》物道を失ひ、物の色別《わ》きがたかりき」と述べて、「名を大鉏《おほくは》・小鉏《をくは》と曰《い》ふもの二人」が「稲千穂《いねちほ》を抜きて籾《もみ》となして、四方《よも》に投《な》げ散らしたまはば、必ずあかりなむ」と奏したと伝える。『記』・『紀』のいわゆる天孫降臨の神話とのあいだには、ことなる側面がつきまとう。

『万葉集』の歌謡や『延喜式』の祝詞《のりと》や賀詞《よごと》（寿詞）のなかにも、神話伝承とのかかわりをもつものがある。

たとえば『万葉集』の柿本人麻呂の挽歌などがそうであり、『延喜式』所収の大祓《おおはらい》・鎮火祭あるいは大殿祭《おおとのほがい》の祝詞などや出雲国造の神賀詞《かんよごと》・中臣の寿詞などがそれであった。

持統天皇三年（六八九）の四月十日、皇太子であった草壁《くさかべ》皇子が亡くなって、その死を悲傷した柿本人麻呂は、挽歌を詠んで、つぎのように歌っている。

天地《あめつち》の　はじめの時　ひさかたの　天の　河原に　八百万《やほよろづ》　千万神《ちよろづかみ》の　神集《かんつど》ひ　集ひ座《いま》して　神はかり　はかりし時に　天照《あまて》らす　日女《ひるめ》の尊《みこと》（一に云ふ、さしのぼる日女の命）　天をば　知《し》らしめすと　葦原《あしはら》の　瑞穂《みづほ》の国を　天地の　依《よ》り相《あ》ひの極《きはみ》　知らしめす　神《かみ》の命《みこと》と　天雲の八重《やえ》かき別《わ》きて（一に云ふ天雲の八重雲別きて）　神下し　座《い》ませまつりし（以下略、一六七）

この挽歌は宮廷における天孫降臨の神話が、いつごろまでに定着化をみたかを知るうえでも貴重である。天孫降臨神話を、皇位が持統天皇から文武天皇へ譲位されたことの反映とみなすような説が、まったくの臆説であることは、この柿本人麻呂の挽歌によってもたしかめることができる。少なくとも持統称制三年（六八九年。持統天皇の即位は翌年）のころまでには、こうした天孫降臨の神話とその信仰が、宮廷に存在していたことはまちがいない。

天武・持統・文武各天皇の朝廷においてはじめて建国神話が成立したというような説にもくみすることはできない。そのことは、つぎの史実にもみいだすことができよう。

白雉《びやくち》五年（六五四）、遣唐押使高向玄理《たかむこのくろまろ(げんり)》らが唐へ派遣されたおり、東宮監門《とうぐうかんもん》の郭丈挙《かくじようきよ》が、遣唐使にたいして「日本国の地里（理）および国の初の神の名」を質問したおり、「皆問にしたがひて答つ」と記されている（『日本書紀』。このおりの遣使のことは『唐録』にも記す）。つまり建国の神の伝承は、少なくとも白雉五年のころまでには宮廷にあったとみなしてよい。

『延喜式』所収の祝詞には「白《もう》す」型（奏上式）十六篇と「宣《の》る」型（宣命式）十篇があり、その冒頭に神話的叙述あるいはこれに準ずることがらを記しているものに「白す」型五篇と「宣る」型五篇がある（土橋寛「寿詞と祝詞」『講座日本の古代信仰』(4)所収　学生社）。

大祓《おおはらい》の祝詞《のりと》はその「白す」型の一つである。大祓は天武朝のころに国家的祭祀となり、大宝《たいほう》元年（七〇一）に完成した大宝令（養老令も同じ）の神祇令《じんぎりょう》（全二十条）においても、第十八条・第十九条に特記された祭儀であった。恒例の大祓は、毎年の六月と十二月の晦《みそか》に行なわれ、また臨時に執行されることもあった、ツミとケガレを祓除《ばつじょ》する神事であった。

大祓の祝詞には「高天原に神づまります、すめむつ神漏岐《かむろき》・神漏美《かむろみ》の命《みこと》もちて、八百万《やおよろず》の神たちを神集《かむつど》へ集へたまひ、神はかりはかりたまひて、『我が皇孫《すめみま》の命《みこと》は、豊葦原《とよあしはら》の水穂《みづほ》の国を、安国《やすくに》と平けく知《し》ろしめせ』と事依《ことよ》さしまつりき、かく依さしまつりし国中《くぬち》に、荒ぶる神たちをば神問《かむと》はしに問はしたまひ、神掃《かむはら》ひに掃ひたまひて、語問《ことと》ひし磐根《いわね》樹立《こだち》、草の片葉《かきは》をも語止めて、天の磐座《いわくら》放《はな》ち、天の八重雲を伊頭《いつ》の千別《ちわ》きに千別きて、天降《あまくだ》し依さしまつりき」以下の神話伝承を述べる。

この「神漏岐・神漏美」という神名は、遷却崇神祭や大殿祭をはじめとする祝詞にもみえるが、後述する『古語拾遺』では、天御中主神《あめのみなかぬしのかみ》の三人の子、すなわち高皇産霊神《たかみむすひのかみ》・津速産霊神神《つはやむすひのかみ》・神皇産霊《かみむすひの》神《かみ》神のうち、第一子高皇産霊神の別名が「皇親神留伎命《すめらがむつかむるぎのみこと》」、第二子津速産霊神の別名が「皇親神留弥《かむるみ》命《みこと》」と述べる。「津速産霊神」は、『記』・『紀』には登場しない神であって、こうした「神漏岐・神漏美」の「命《みこと》もちて」と記す神話伝承には注目すべきものがある。『常陸国風土記』では「諸祖天神」

を「カミルミ・カミルキ」と訓《よ》んでいるが、『古語拾遺』が「神留美命」の「神の子」を「天児屋《あめのこやねの》命《みこと》」とし、「中臣朝臣らが祖なり」とするのは、大祓・遷却崇神祭など、すべて中臣氏主導のまつりの祝詞にみえることにあわせて軽視することはできない。

鎮火祭の祝詞にみえる火の神をめぐっての神話伝承も、『記』・『紀』の神話とは相違をしめし、竜田風神祭の「天の御柱命《みはしらのみこと》・国の御柱命」の伝承もまた独自の要素を保有する（「序説」『講座日本の古代信仰』⑴所収　学生社）。遷却崇神祭の祝詞に述べる国ゆずり派遣神の「健三熊命《たけみくまのみこと》」などの伝承、大殿祭の「天つ御量《みはかり》」や「屋船久久遅命《やふねくくちのみこと》・屋船豊宇気姫命《やふねとようけひめのみこと》」などの伝承もみのがせない。

出雲国造の神賀詞《かんよごと》や中臣寿詞《なかとみのよごと》（天神寿詞《あまつかみのよごと》）のなかみにも、神話的記述がある。出雲国造の神賀詞は、新任の国造が朝廷に参向して述べた服属の誓詞ともいうべきものであったが、「加夫呂伎《かぶろき》熊野大神、櫛御気野命《くしみけぬのみこと》、国作り坐《ま》しし大穴持命」をはじめ「高天の神王高御魂命《たかみむすびのみこと》」、「天夷鳥命《あめのひなどりのみこと》」など、出雲国造ゆかりの神々の伝承を記す。

中臣寿詞は、「天神寿詞」ともよばれており、『台記《たいき》』（藤原頼長の日記）の「別記」に載す、近衛天皇の大嘗祭（康治元年＝一一四二）に大中臣清親《おおなかとみきよちか》の奏したものが代表的な寿詞として知られている（ただし天仁元年＝一一〇八、十一月の寿詞も残されている）。『日本書紀』の持統天皇四年（六九〇）正月の即位記事には、前述したとおり中臣朝臣大嶋が「天神寿詞」を読んだことが記載されており、また大宝令や養老令の神祇令でも、践祚《せんそ》（即位）のおりに「中臣、天神の寿詞を奏せよ」（十三条）とある。

だがこの天神寿詞は、即位後の王権祭儀である大嘗祭でも奏されており（『日本書紀』持統天皇五年十一月の条）、光仁天皇の大嘗祭（宝亀二＝七七一年十一月）のころからは、大嘗祭で奏上するのが慣例となった。中臣寿詞にも「高天原に神づまります、皇親神漏岐《かむろぎ》・神漏美《かむろみ》の命をもちて」とする天孫降臨にかんする神話がみえている。

こうした祝詞や賀詞・寿詞における神話伝承もまた、古典神話のなかみとして視野のなかにおさめておく必要がある。

(2)『古語拾遺』と『先代旧事本紀』

『古語拾遺』の伝承　古典のなかの神話として、みのがすことのできないものに、『古語拾遺《こごしゅうい》』や『先代旧事本紀《せんだいくじほんぎ》』の神話がある。ともに記録された神話だが、そこには『記』・『紀』の神話とはなかみのことなる神話を物語る貴重な伝承が少なくない。

『古語拾遺』は平城《へいぜい》天皇の下問に答えて、斎部広成《いんべのひろなり》（忌部を九世紀はじめに斎部に改む）が撰上した書で、忌部（斎部）氏の伝承を中核にまとめたものであった。

その成立の年次は大同二年（八〇七）の二月十三日であり、時に広成は八十一歳の高齢であった。その流布本に「従五位下斎部宿禰《いんべのすくね》広成撰」とあるため、大同二年の成立を疑問視する説も提出されている。なぜなら斎部広成が正六位上から従五位下に昇進したのは、大同二年の十一月十七日であったからだ。そのこともあって、別の写本ではその撰上を大同三年の十二月と記したりする。

だがこれらはのちの知識にもとづいての挿入・改ざんであって、やはり通説のように大同二年の成立とみなしてよいであろう。なぜ平城天皇からの下問が斎部広成にあったのか。そこには宮廷の神道界における中臣氏と忌部氏の主導権争いがあった。

たとえば伊勢神宮への幣帛使《へいはくし》をめぐる対立をかえりみただけでも、その間の事情がうかがわれる。天平七年（七三五）の七月には、忌部宿禰虫名《むしな》、同烏麻呂《からすまろ》らが訴え、時々の「記」（記録）を「中検」して、忌部氏らを幣帛使として派遣することが認められたが、天平勝宝九年（七五七）六月には、伊勢奉幣使は中臣氏に限るとの下命があった。しかしその争いはたえず、天平宝字六年（七六二）十一月には、文室真人浄三《ふんやのまひとじようさん》・藤原朝臣黒麻呂《あそみくろまろ》・中臣朝臣毛人《えみし》・忌部宿禰呰麻呂《しまろ》ら四人が伊勢太神宮に奉幣して、いる（『続日本紀』ほか）

そして大同元年の八月には、「是《これ》より先《さき》」、中臣と忌部の両氏が相訴えて争い、中臣氏の側は、忌部氏はもと幣帛をつくっていただけで、祝詞を奏上したのは中臣氏であると主張し、忌部氏の側は、「奉幣祈禱」は「是《これ》、忌部の職」であるとして、忌部氏を幣帛使、中臣氏を祓使とするようにと主張した（『日本後紀』）。

こうした中臣氏と忌部氏との対抗関係のなかでの下問であった。それにたいする斎部広成らの自己主張が、『古語拾遺』成立の背後にあった。

『古語拾遺』は「愚臣言《まを》さざれば、恐《かしこ》けれども絶えて伝ふること無からなむ、幸《さいわい》に召問を蒙《かがふ》りて蓄憤をのべむと欲す。故に旧説を録して、敢《あえ》て上聞す」とするものであった。

神代から奈良時代までの歴史を、忌部氏の家伝や口碑《くひ》などによって記述し、「未《いま》だ刊《けづ》り除《のぞか》れざるは、遺《のこ》れることの十一なり」と、順をおって上申した。その内容には検討を要する部分もかなりあるが、末尾に記録した大地主神《おおとこぬしのかみ》と御歳神《みとしのかみ》の争いをめぐる神話などは、独自の伝承となっている。それは、神祇官において、白猪・白馬・白鶏を御歳神に供進する縁起譚《えんぎたん》として記されたものだが、きわめて興味ぶかい所伝である。

そのあらましを略述すると、およそつぎのようになる。大地主神が、田をつくったおりに、牛宍《うしのしし》（牛の肉）を田人（耕作する人びと）に食べさせた。御歳神の子神が、その田におもむいて、饗《みあえ》（饗応の供物）につばをはきかけてかえり、父神（御歳神）にその状況を報告した。そこで御歳神は激怒して、蝗《いなご》をその田に放った。そのため、苗の葉はたちまちに枯れ、篠竹のようになった。大地主神が片《かた》巫《かんなぎ》・肱巫《ひじかんなぎ》（男女の巫覡《ふげき》）にその理由を占わせたところ、御歳神のたたりであることが判明し、白猪・白馬・白鶏を御歳神に献供して、その怒りをなごめるようにと告げた。大地主神がその教えたとおりに謝罪すると、御歳神が答えて「よろしく麻柄《あさがら》で桛《かせ》をつくり、その葉で掃《はら》い、天押草《あめのおしぐさ》で押し、烏《からす》扇《おうぎ》をもってあおげよ。もしそれでも蝗が去らなければ、よろしく牛の宍を溝口《みなぐち》におき、男茎形《おはせがた》（ペニス）をつくりかえ、薏子《つきだま》（ハトムギ）・蜀椒《なるはじかみ》・呉桃《くるみ》の葉また塩をその畔《あぜ》にわかちおくべし」と語った。その教えのとおりにすると、苗の葉がふたたび茂って、「年穀豊稔」になったという。

この神話には、祈年祭《としごいまつり》の由来を物語る要素もあるが、虫送りや溝口まつりの民俗を媒体とする注目すべき伝承が内在する。『記』・『紀』の神話とは、かなりおもむきをことにする伝えであった。

『先代旧事本紀』の降臨伝承　『先代旧事本紀』（十巻）という古典については、江戸時代の前期（十七世紀後半）から偽書とする説が有力となり、明治以降の史学界でも、偽書説がリードしてきた。その序に述べるような聖徳太子と蘇我馬子らの「奉勅撰定」の書ではないけれども、『先代旧事本紀』はたんなる偽書ではなかった。

そのことはすでに指摘されているが（鎌田純一『先代旧事本紀の研究』吉川弘文館）、大同二年（八〇七）以後で、延喜の『日本紀』（『日本書紀』）講書（延喜四＝九〇四年〜延喜六年）のころまでには成書化していた古典であった。

なぜなら、『先代旧事本紀』には明らかに大同二年に成書化した『古語拾遺』の文によって書かれている個所があり、また延喜の講書のおりには、すでに藤原春海《はるみ》が『先代旧事本紀』について言及しているからである（『釈日本紀』）。少なくとも平安時代の前期には成書化しており、その内容には物部《もののべ》氏の伝承が色こく反映されている。

巻第一（神代本紀・陰陽本紀）から巻第十（国造本紀）までの伝承には、神話にかんする記述がかなりある。

とりわけ巻第三（天神本紀）、巻第五（天孫本紀）、巻第六（皇孫本紀）、巻第七（天皇本紀）などに記述されている饒速日尊《にぎはやひのみこと》の河内への降臨伝承は、『記』・『紀』よりは具体的であり、物部氏の祖神伝承にふさわしい内容となっている。そこにも『記』・『紀』の神話とは、なかみを異にした神話伝承が記録されている。

饒速日尊の河内降臨伝承にかんしては、別に詳論したことがあるので（「降臨伝承の考察」『古代伝承史の研究』所収　塙書房）、ここではその要点のみを列挙しておくことにしよう。

(1) 饒速日尊は天降りの詔をうけて「天璽《あまつしるし》瑞宝十種」（詳しい私見は『神道大系』月報14で言及した）を授けられ、供奉神らを随伴して河内の河上の哮峰《いかるがのたけ》に天降る。

(2) そして大和の鳥見《とみ》の白庭山《しらにわやま》に「遷坐」し、天磐船《あめのいわふね》に乗って国見《くにみ》をする。

(3) 鳥見の白庭山に遷った饒速日尊は、長髄彦《ながすねひこ》の妹である御飯炊屋姫《みいかしぎやひめ》をめとる。だが子神の宇麻《うま》志麻治命《しまぢのみこと》が生まれるまえに亡くなる。高皇産霊尊が速飄神《はやちかぜのかみ》を「葦原中国《あしはらのなかつくに》」に派遣してたしかめたところ、饒速日尊はすでに神去っていたことが明らかとなった。

(4) そこで高皇産霊尊はあわれに思い、速飄神をふたたび派遣して、その「屍骸」を「天上」に運び、「日七夜七」をもって「遊楽」し、「天上」に斂《おさ》めたと伝えるのである。

巻第三・巻第五・巻第六・巻第七の所伝では、それぞれに若干ことなるところがあるけれども、その伝承のすじみちにかわりはない。

その降臨の地とする河上の哮峰とは、いったいどこか。諸説がある。だが、北河内の磐船社のあたりの峰すなわち大阪府天野川上流の交野《かたの》市私市《きさいち》九丁目の、磐船神社近くの峰がもっとも有力である。

この磐船神社の鎮座する場所は、割石越（岩船越）にあたり、いわゆる磐船街道の要地にあたっており、岩船越は河内と大和を結ぶ古道のひとつで、上津鳥見路《かみつとみじ》ともよばれていた。物部氏がその祖神とあおぐ饒速日尊が、河内に降臨する伝承が形づくられたのには、それなりの理由があった。

物部の本宗《ほんそう》氏の有力な拠点は河内にあった。物部守屋が「物部弓削大連《ゆげおおむらじ》」、「物部弓削守屋連」、「弓削大連」（『日本書紀』・『播磨国風土記』）と称されたのも、河内の弓削郷に居地をもっていたからであり、また阿都《あと》（河内の跡部《あとべ》郷）に「別業《なりどころ》」（別荘の地）をもち、さらに「渋河家」を保有していたのも、物部氏が河内の渋河（渋川）に居宅をかまえていたからである。

『四天王寺御手印縁起《してんのうじごしゅいんえんぎ》』に物部守屋の所領として弓削をはじめとする河内の所領をあげているのも偶然ではない。『新撰姓氏録』の「河内神別」には、物部氏の祖神とする饒速日尊およびその子神宇麻志麻治命の後裔と記す氏族がかなり分布する。そして『延喜式』所載のいわゆる式内社で、物部ゆかりの古社（たとえば高屋神社）が河内に鎮座したのもいわれあってのことであった。

『記』・『紀』の神話のみによって、「日本神話」を論究する方法は、多くの点で問題を残す。もとより口頭伝承としての神話ではないが、古典の神話の内容は、私たちが予想する以上に多様であり、それらには時代性・地域性・氏族性が投影されていた。そしてその実相には新旧の断層がそれぞれ包含されていたのである。

第三章　神話の交響譜

(1)　三貴子の誕生

神々の生成　『記』・『紀』の神代巻の主たる構成は、天地開闢《かいびゃく》からはじまって、国生み・神生み→天石屋戸（天石窟戸）→中つ国の平定→国ゆずり→天孫降臨、そして海幸・山幸の神話へとつながる。きわめて体系化されて記録化をみた『記』・『紀』神話、その詞章の問題点のおよそについては、かつて不充分ながらも、『日本神話』（岩波新書）で検討をこころみたことがある。したがってこの章では、あらたな視点から重要と考えられている詞章について、若干の考察を進めることにしたい。

あまたの神々の誕生を物語る神話のなかで、『記』・『紀』が特筆するのは、三貴子つまりアマテラス・スサノヲ・ツクヨミ（ツキヨミ）の三神の生成である。まず『古事記』の記述からかえりみよう。

是に左の御目《みめ》を洗ひたまふ時、成れる神の名は、天照大御神《あまてらすおほみかみ》。次に右の御目を洗ひたまふ時、成れる神の名は、月読命《つくよみのみこと》。次に御鼻《みはな》を洗ひたまふ時、成れる神の名は、建速須佐之男命《たけはやすさのをのみこと》。

右の件の八十禍津日神《やそまがつひのかみ》より以下、速須佐之男命以前十柱《とはしら》の神は、御身を滌《すす》くに因りて生《な》れる者《かみ》なり。

此《こ》の時、伊耶那伎命《いざなきのみこと》大《いた》く歓喜《よろこ》びて詔《の》りたまはく、「吾《あ》は子を生み生みて、生みの終《はて》に三《みはしら》の貴《たふと》き子を得つ」とのりたまひて、即《すなは》ち御頸珠《みくびたま》の玉の緒《を》もゆらに取りゆらかして、天照大御神《あまてらすおほみかみ》に賜ひて詔りたまはく、「汝命《いましみこと》は高天原《たかまのはら》を知らせ」と事依《ことよ》さして賜ひき。故《かれ》、其《そ》の御頸珠の名を御倉《みくら》板挙之神《たなのかみ》と謂《い》ふ。次に月読命に詔りたまはく、「汝命は夜之食国《よるのをすくに》を知らせ」と事依さしき。次に建速須佐之男命に詔りたまはく、「汝命は海原《うなはら》を知らせ」と事依さしき。

『古事記』によれば、伊耶《いざ》（邪）那伎《なき》の大神が黄泉《よみ》の国を訪問して、「吾《あ》はいなしこめしこめき穢《きたな》き国に到《いた》りて在りけり。故《かれ》、吾は御身《みみ》を禊《みそぎ》せむ」と語って、筑紫《つくし》の日向《ひむか》の橘《たちばな》の小門《おど》の阿波岐原《あはきはら》に到って禊祓《みそぎはらい》をなし、身につけた物から衝立船戸神《つきたつふなとのかみ》以下、辺津甲斐弁羅神《へつかひべらのかみ》までの十神が出生し、「上《かみ》つ瀬《せ》は瀬速し、下《しも》つ瀬《せ》は瀬弱し」として中つ瀬で身を滌ぐ時に、八十禍津日神《やそまがつひのかみ》以下伊豆能売神《いづのめのかみ》までの五神が誕生する。

そして水底で身を滌いだ時に底津綿津見神《そこつわたつみのかみ》、底筒之男命《そこつつのおのみこと》、中に滌いだ時に、中津綿津見神《なかつわたつみのかみ》、中筒之《なかつつの》男命《おのみこと》、水の上に滌いだ時に、上津綿津見神《うわつわたつみのかみ》、上筒之男命《うわつつのおのみこと》が生成する。『古事記』は、とくに上・中・底の「三柱《みはしら》の綿津見神」について「阿曇連《あづみのむらじ》等の祖神《おやがみ》といつく神なり」と述べ、上・中・底の筒之男の「三柱の神は墨江《すみのえ》の三前《みまえ》の大神なり」と記す。

こうした神々の出生の最後に、天照大御神・月読命・建速須佐之男命の生成を位置づけ、「三貴子」

の分治にかんする伝承を記載するのである。

『日本書紀』の記述はどうであろうか。その関係部分を本文と「一書」から引用しておこう。

(イ) 本文

次に海《うなはら》を生む。次に川を生む。次に山を生む。次に木《き》の祖《おや》句句廼馳《くくのち》を生む。次に草《かや》の祖草野姫《かやのひめ》を生む。亦《また》は野槌《のつち》と名《なづ》く。既《すで》にして伊奘諾尊《いざなきのみこと》・伊奘冉尊《いざなみのみこと》、共《とも》に議《はか》りて曰《のたま》はく、「吾《われ》すでに大八洲《おほやしまの》國《くに》及び山川草木《やまかはくさき》を生めり。何《いかに》ぞ天下《あめのした》の主者《きみたるもの》を生まざらむ」とのたまふ。是《ここ》に、共に日の神《かみ》を生みまつります。大日孁貴《おほひるめのむち》と號《まう》す。大日孁貴、此《これ》をば於保比屢咩能武智《おほひるめのむち》と云《い》ふ。孁の音は力丁反《のかへし》。一書に云はく、天照大神《あまてらすおほみかみ》といふ。一書に云はく、天照大日孁尊《あまてらすおほひるめのみこと》といふ。此《こ》の子《みこ》、光華明彩《ひかりうるは》しくして、六合《くに》の内《うち》に照《て》り徹《とほ》る。故《かれ》、二《ふたはしら》の神喜《よろこ》びて曰《のたま》はく、「吾《わ》が息多《こさは》ありと雖《いへど》も、未《いま》だ若此《かく》靈《くしび》に異《あや》しき兒《こ》有《あ》らず。久《ひさ》しく此の國《くに》に留《と》めまつるべからず。自《おの》づから當《まさ》に早《すみやか》に天《あめ》に送《おくりまつ》りて、授《さづ》くるに天上《あめ》の事《こと》を以《も》てすべし」とのたまふ。是《こ》の時に、天地《あめつち》、相去《あひさ》ること未《いま》だ遠《とほ》からず。故、天柱《あめのみはしら》を以て、天上《あめ》に擧《おくりあ》ぐ。次に月《つき》の神を生みまつります。一書に云《い》はく、月弓尊《つくゆみのみこと》、月夜見尊《つくよみのみこと》、月讀尊《つくよみのみこと》といふ。其の光彩《ひかりうるは》しきこと、日に亞《つ》げり。以て日に配《なら》べて治《しら》すべし。故、亦《また》天に送《おく》りまつる。次に蛭兒《ひるこ》を生む。已《すで》に三歳《みとせ》になるまで、脚猶《あしなほ》し立たず。故、天磐櫲樟船《あまのいはくすぶね》に載《の》せて、風《かぜ》の順《まにま》に放《はな》ち棄《す》つ。次に素戔嗚尊《すさのをのみこと》を生みまつります。一書に云はく、神素戔嗚尊《かむすさのをのみこと》、速素戔嗚尊《はやすさのをのみこと》といふ。此《こ》の神《かみ》、勇悍《いさみたけ》くして安忍《いぶり》なること有《あ》り。且常《またつね》に哭《な》き泣《いさ》つるを以《も》て行《わざ》とす。故《かれ》、國内《くにのうち》の人民《ひとくさ》をして、多《さは》に以て夭折《あからさまにし》なしむ。復使《また》、青山《あをやま》を枯《からやま》に變《な》す。故、其《そ》の父母《かぞいろは》の二《ふたはしら》の神、素戔嗚尊《すさのをのみこと》に勅《ことよさ》したまはく、「汝《いまし》、甚《はなは》だ無道《あづきな》し。以て宇宙《あめのした》に君臨《きみ》たるべからず。固《まこと》に當《まさ》に遠く根國《ねのくに》に適《い》ね」とのたまひて、遂《つひ》に逐《やら》ひき。

(ロ)　第一の「一書」

一書《あるふみ》に曰はく、伊奘諾尊《いざなきのみこと》の曰《のたま》く、「吾《われ》、御寓《あめのしたしら》すべき珍《うづ》の子《みこ》を生《う》まむと欲《おも》ふ」とのたまひて、乃《すなは》ち左《ひだり》の手《みて》を以て白銅鏡《ますみのかがみ》を持《と》りたまふときに、則《すなは》ち化《な》り出《い》づる神有《ま》す。是を大日孁尊《おほひるめのみこと》と謂《まう》す。右《みぎ》の手《みて》に白銅鏡を持りたまふときに、則ち化り出づる神有《ま》す。是を月弓尊《つくゆみのみこと》と謂す。又首《またみぐし》を廻《めぐら》して顧眄之間《みるまさかり》に、則ち化《な》る神有《ま》す。是を素戔嗚尊と謂す。即《すなは》ち大日孁尊及び月弓尊は、並《ならび》に是《これ》、質性《ひととなり》明麗《てりうるは》し。故、天地《あめのした》に照《てら》し臨《のぞ》ましむ。素戔嗚尊は、是性《これかむさが》殘《そこな》ひ害《やぶ》ることを好む。故、下《くだ》して根國を治《しら》しむ。珍、此《これ》をば于圖《うづ》と云《い》ふ。顧眄之間、此をば美屢摩沙可梨爾《みるまさかりに》と云ふ。

(ハ)　第二の「一書」

一書に曰く、日月《ひつき》既に生《うま》れたまひぬ。次に蛭兒《ひるこ》を生《う》む。此《こ》の兒《みこ》、年三歳《としみとせ》に滿《な》りぬれども、脚尙《あしなほ》し立たず。初《はじ》め伊奘諾《いざなき》・伊奘冉尊《いざなみのみこと》、柱《みはしら》を巡《めぐ》りたまひし時に、陰神《めかみ》先《ま》ず喜《よろこび》の言《こと》を發《あ》ぐ。既に陰陽《めを》の理《ことわり》に違《たが》へり。所以《このゆゑ》に、今蛭兒を生《う》む。次に素戔嗚尊を生《う》む。此の神、性悪《かむさがさがな》くして、常に哭《な》き恚《ふつく》むことを好む。國民《くにのひとくさ》多《さは》に死ぬ。青山を枯《からやま》に爲《な》す。故、其の父母《かぞいろは》、勅《みことのり》して曰《のたまは》く、「假使《たとひ》、汝《いまし》此の國を治《し》らば、必《かなら》ず殘《そこな》ひ傷《やぶ》る所多《ところおほ》けむとおもふ。故、汝は、以て極《きは》めて遠《とほ》き根國《ねのくに》を馭《しら》すべし」とのたまふ。

㈡　第六の「一書」

復右《またみぎ》の眼《みめ》を洗《あら》ひたまふ。因《よ》りて生《う》める神《かみ》を、號《なづ》けて月讀尊《つくよみのみこと》と曰《まう》す。復鼻《みはな》を洗ひたまふ。因りて生《う》める神を、號《なづ》けて素戔嗚尊《すさのをのみこと》と曰《まう》す。凡て三《みはしら》の神ます。已《すで》にして伊奘諾尊《いざなきのみこと》、三《みはしら》の子《みこ》に勅任《ことよさ》して曰《のたま》はく、「天照大神《あまてらすおほみかみ》は、以《も》て高天原《たかまのはら》を治《しら》すべし。月讀尊は、以て滄海原《あをうなはら》の潮《しほ》の八百重《やほへ》を治すべし。素戔嗚尊は、以て天下《あめのした》を治すべし」とのたまふ。是《こ》の時《とき》に、素戔嗚尊、年已《としすで》に長《お》いたり。復八握《またやつか》鬚髯《ひげ》生《お》ひたり。然れども天下を治さずして、常《つね》に啼《な》き泣《いさ》ち恚恨《ふつく》む。故《かれ》、伊奘諾尊問《と》ひて曰《のたま》はく、「汝《いまし》は何《なに》の故《ゆゑ》にか恆《つね》に如此《かく》啼く」とのたまふ。對《こた》へて曰《まう》したまはく、「吾《やつかれ》は母《いろはのみこと》に根國《ねのくに》に從《したが》はむと欲《おも》ひて、只《ただ》に泣かくのみ」とまうしたまふ。伊奘諾尊惡《にく》みて曰《のたま》はく、「情《こころ》の任《まにま》に行《い》ね」とのたまひて、乃《すなは》ち逐《やらひや》りき。

㈭　第十一の「一書」

一書《あるふみ》に曰はく、伊奘諾尊、三《みはしら》の子《みこ》に勅任《ことよさ》して曰《のたま》はく、「天照大神《あまてらすおほみかみ》は、高天之原《たかまのはら》を御《しら》すべし。月夜《つくよ》見尊《みのみこと》は、日《ひ》に配《なら》べて天《あめ》の事を知《しら》すべし。素戔嗚尊《すさのをのみこと》は、滄海之原《あをうなはら》を御《しら》すべし」とのたまふ。

『日本書紀』の記述は、『古事記』とはかなりおもむきをことにする。そして『日本書紀』じたいにあっても、本文と各別伝（第一・第二・第六・第十一の「一書」）とでは、そのあいだにちがいがある。

前にも述べたように、『日本書紀』では伊奘諾尊《いざなきのみこと》の黄泉《よみ》の国訪問の神話を、本文では書かずに、「一書」の伝えとして収めている。したがって、『日本書紀』の本文では「海」・「川」・「山」などの国土創成の後に、伊奘諾尊と伊奘冉尊《いざなみのみこと》が、ともに相談して「吾すでに大八洲国及び山ノ草木を生めり。何ぞ天下の主者を生まざらむ」といってまず「日神」を生み、ついで「月神」・「蛭児《ひるこ》」・「素戔嗚尊《すさのおのみこと》」を生むことになる。

『日本書紀』の本文(イ)では『古事記』のように黄泉国訪問後の禊祓で誕生した「三神」ではなく、「天下の主者」いわゆる「三貴子」とならんで「蛭児」も出生したという所伝になっている。とくに「日の神を生みまつります。大日孁貴《おおひるめのむち》と号す」とし、「天照大神」という神名にさきだって「大日孁貴」という神名を書きとどめている。『日本書紀』では、その条の分注に「一書に云はく、天照大神といふ」と記す。この分注としての「一書」の挿入をうけ、以後の『日本書紀』の叙述が「天照大神」と明記する書法になっていることをみのがせない。

天照大神の原姿をうかがうさいに、『日本書紀』がその本文において、まず「大日孁貴」と特記していることは重要である。神名の「大日孁貴」の「大」は美称であり、後漢《ごかん》の許慎《きょしん》の名著『説文解字』が、「霊、巫也、玉を以て神に事《つか》ふ」と記し、また中国、清の考証学者段玉裁《だんぎょくさい》(一七三五〜一八一五)の『説文解字注』に、「孁、女字也」と述べるように、「孁」は女巫を意味した。「貴」は貴人の貴にひとしい。つまり、「大日孁貴」とは、大いなる「日神」をまつる巫女神を意味した。

日神・月神・素戔嗚尊とならんで、蛭児が出生するという記述も独自の伝えとなっている。『日本書紀』の国生み詞章の第一の「一書」では、『古事記』の所伝に類似して伊奘冉尊(陰神)がまず「アナニエヤ、エヲトコヲ」と言い、ついで伊奘諾尊（陽神）が「アナニエヤ、エヲトメヲ」とこたえて、「ミトノマグハヒ」（性交）をなし、蛭児が生まれて葦船《あしのふね》にのせてながしたという所伝を載せているにもかかわらず、あえて三貴子出生のくだり（イ）にも、あらためて蛭児の誕生を挿入しているのである。

天磐櫲樟船《あめのいわくすぶね》（本文、「一書」では葦船）にのせて流すという伝承は、生みそこないの第一子を流すという台湾のパイワン族などの説話や、沖縄に伝わる、日神の長子（やくざ者）が下界におわれて、できそこない子として鼠《ねずみ》を生み（みずからが鼠になって）、その鼠を船にのせて他界（ニライカナイ）へ流すというたぐいの説話とも似かよっている（ヒルコ神の信仰についての私見は『日本神話』岩波新書で言及しているので参照されたい）。

ヒルコはヒルメと対照的なよび名であり、日神をまつるヒルメ（女神）に対するヒルコ（男神）としての意味あいもある。そのために『日本書紀』の本文では、日神・月神についでの誕生という伝承として書きとどめたのかもしれない。なお素戔嗚尊の出生の本文についで記されている第二の「一書」（ハ）でも、「日月既に生まれたまひぬ。次に蛭児を生む」という所伝を収めていることを付記しておく（鳥磐櫲樟船で流されることになる）。

海神とその祭祀　つぎに問題となるのは、『古事記』と『日本書紀』の別伝におけるつぎのようなちがいである。『古事記』では三貴子誕生の前に、上・中・底の「三柱の綿見津神」と上・中・底の

「三柱の三前の大神」の生成を記載する。『日本書紀』ではどうか。前掲の第六の「一書」㈡の前につぎの文をおく。第六の「一書」のなかで、『古事記』と同類の伝承を記すのである。

㈠ 第六の「一書」

伊奘諾尊《いざなきのみこと》、既《すで》に還《かへ》りて、乃《すなは》ち追《お》ひて悔《く》いて曰《のたま》はく、「吾前《さき》に不須《い》也《な》凶目《しこめ》き汚穢《きたな》き處《ところ》に到《いた》る。故《かれ》、吾《わ》が身《み》の濁穢《けがらはしきもの》を滌《あら》ひ去《う》てむ」とのたまひて、則ち往《ゆ》きて筑紫《つくし》の日向《ひむか》の小戸《をど》の橘《たちばな》の檍原《あはきはら》に至《いた》りまして、祓《みそ》ぎ除《はら》へたまふ。遂《つひ》に身の所汚《きたなきもの》を盪滌《すす》ぎたまはむとして、乃ち興言《ことあげ》して曰《のたま》はく、「上瀬《かみつせ》は是太《これはなは》だ疾《はや》し。下瀬《しもつせ》は是太《これはなは》だ弱《ぬる》しとのたまひて、便《すなは》ち中瀬《なかつせ》に濯《すす》ぎたまふ。因りて生める神《かみ》を、號《なづ》けて八十枉津日神《やそまがつひのかみ》と曰《まう》す。次に其の枉《まが》れるを矯《なほ》さむとして生める神を、號けて神直日神《かむなほひのかみ》と曰す。次に大直日神《おほなほびのかみ》。又海《わた》の底《そこ》に沈《かづ》き濯《すす》ぐ。因りて生める神を、號けて底津少童命《そこつわたつみのみこと》と曰《まう》す。次に底筒男命《そこつつのをのみこと》。又潮《しほ》の中《なか》に潜《かづ》き濯《すす》ぐ。因りて生める神を、號けて中津少童命《なかつわたつみのみこと》と曰《まう》す。次に中筒男命《なかつつのをのみこと》。又潮《しほ》の上《うへ》に浮《う》き濯《すす》ぐ。因りて生める神を、號けて表津少童命《うはつわたつみのみこと》と曰《まう》す。次に表筒男命《うはつつのをのみこと》。凡《すべ》て九《ここのはしら》の神有《いま》す。其の底筒男命・中筒男命・表筒男命は、是《これ》卽ち住吉大神《すみのえのおほみかみ》なり。底津少童命・中津少童命・表津少童命は、是安曇連《これあづみのむらじ》等が所祭《いつきまつ》る神なり。

くりかえしいうように、『日本書紀』では黄泉《よみ》国訪問の伝承を本文ではあつかわず、別伝（「一書」）として記載する。そして『古事記』と同じように、伊奘諾尊《いざなきのみこと》の「祓除《みそぎはらい》」のおりに、八十枉津日神《やそまがつひのかみ》・神《かん》直日神《なおひのかみ》・大直日神《おおなおひのかみ》（三神）、底筒男《そこつつお》・中筒男《なかつつお》・表筒男《うわつつお》三神、底津少童《そこつわたつみ》・中津少童《なかつわたつみ》・表津少童《うわつわたつみ》三神の九神が生成し、ついでアマテラス神ほか三貴子が誕生したと述べる。

この三・三・三そして「すべて九神」とする思想は、三を聖数とする信仰とつながりをもつ。『延《えん》喜式《ぎしき》』所載の筑前《ちくぜん》国糟屋《かすや》郡の志加《しか》（志賀）海《うみ》神社が「三座」であるのも偶然ではない。少童命（『記』では綿津見神）三神は、「是阿曇連《これあづみのむらじら》等が所祭神」（『記』では「阿曇連等の祖神」）と記すとおり阿曇氏の奉斎神であった。

阿曇連のもとにあった阿曇集団は、北九州をはじめとして、瀬戸内海沿岸地域、伯耆《ほうき》さらに信濃《しなの》方面などにも分布するが、その本拠は『和名類聚抄』にもみえる筑前国糟屋郡阿曇郷（新宮《しんぐう》町のあたり）および志珂《しか》郷（福岡市東区志賀島のあたり）とその周辺にあった。『延喜式』の名神大社である志加（志賀）の「海神社」が、阿曇氏の奉斎神であったことは、その鎮座地のみならず、この古社の社家が阿曇氏であったことをみてもわかる。『先代旧事本紀』が少童三神を「此三神は阿曇連等がいつきまつる筑紫の斯香《しか》の神」と明記しているのも、いわれあってのことであった。

筒男命（『記』では筒之男神）三神は「住吉大神」（『記』では「墨江の三前の大神」）と特記されているが、この三神の場合はどうか。

「住吉」は「墨江」とも書かれ、『古事記』の仁徳天皇の条に「墨江津」、『日本書紀』の雄略天皇十四年正月の条に「住吉津」とみえるように、住吉（墨江）の神は海上交通ゆかりの「津」（港）と深いかかわりをもつ海神であった。『延喜式』の摂津《せっつ》国住吉郡の名神大社「住吉坐《すみよしにいます》神社」は「四座」となっているが、『古事記』が「三前の三神」と書くように、本来三神であったことは、同じ『延喜式』の長門《ながと》国豊浦郡の「住吉坐荒御魂神社」が「三座」であり、筑前国那珂《なか》郡の「住吉神社」が三座であったことにもうかがわれる。

陰陽五行思想などの影響による「三神」、「九神」としての合理化を説く考えもあるが、住吉「三神」を奉斎した祭祀集団は実在したのである。ところで『古事記』のみならず、『日本書紀』もまた住吉神を「三前の大神」（『記』）・「住吉大神」（『紀』）と大神と特筆することは注目にあたいする。「綿津見神」（少童命）を「大神」と称していないのとは対照的である。

『記』・『紀』・『風土記』などに、「大神」と書かれている神は、天照大（御）神のほか、大美和《おおみわ》（三輪）大神、気比大神、土佐大神、伊豆志《いづし》（出石）大神、熊野大神、佐太大神、野城《のぎ》大神、伊和《いわ》大神などがある。そしてそれらは住吉（墨江）大神をはじめ地域名プラス大神とよばれるものが圧倒的に多い。それもそのはずであった。もともと在地の有勢氏族の信奉する神であり、それらの原像は地域の権威ある神々であったからである。

住吉大神三神の神名、筒男命の〝ツツ〟とは何を意味するのか。〝ツツ〟のツは港津の津であり、〝津之男〟つまり住吉の津の守護神とみなす見解が説得力をもつ。航海につながる海神として優勢化し、やがて倭王権の奉斎する神となり、のちには国家神となった。

その祭祀集団として有力化したのが、津守《つもり》氏であり、その津守氏の出自について『住吉大社神代記』は、「奉斎祀神主、津守宿禰《つもりのすくね》氏人《うじひと(んど)》は、元《もと》、手搓見足尼《たもみすくね》の後なり」と記す。この「手搓見足尼」は、『日本書紀』の神功皇后摂政前紀に述べる「津守連の祖、田裳見宿禰《たもみすくね》」と符合する。そしてこの津守連が港津の管理や航海・外交などと深いつながりをもったことは、『日本書紀』の欽明天皇四年十一月の条に津守連を百済《くだら》へ派遣した記事のほか、同五年二月の条に引用する『百済本記』の「津守連己《こ》麻奴跪《まなこ》」などの伝承にもうかがわれる。

斉明天皇五年（六五九）七月に津守連吉祥《つきさ》らは唐へ派遣されており、『伊吉連博徳書《いきのむらじはかとこのふみ》』にも津守吉祥連のことが記述されている。『善隣国宝記』所引の『海外国記』や『住吉大社神代記』が、津守氏と遣唐使のかかわりを書き、『住吉大社神代記』に「遣唐（使）神主」、『津守氏古系図』に「遣唐神主」・「渤海《ぼっかい》神主」とあるのも、津守氏は遣唐使や遣渤海使に、住吉神の奉斎神主として同行したからであった。

『延喜式』には住吉郡内の鎮座神として「大海神社二座」を記載する。そして「元の名は津守氏人神」と書く。おそらくこの大海神社が津守氏の「氏人神」であって、住江津の管理などにたずさわったことを媒体として、住吉大神祭祀の集団の中核となり、倭王権→律令政府の外交にも活躍する神になったのであろう。

津守連は天武天皇十三年（六八四）の十二月に宿禰姓を賜与されたが、住吉郡のみに安住したのではなかった。それは藤原宮出土の木簡《もっかん》に摂津国武庫《むこ》郡津刀《つと》里の「津守」、『和名類聚抄《わみょうるいじゅうしょう》』の西成郡津守郷、兎《う》（菟）原《はら》郡津守郷、『行基年譜《ぎょうきねんぷ》』の津守里、『新撰姓氏録《しんせんしょうじろく》』にみえる津守氏など、津守の集団が摂津《せっつ》国・和泉《いずみ》国などに分布したことをみてもわかる。

そして津守集団は、寛弘《かんこう》元年（一〇〇四）の讃岐《さぬき》国大内郡入野郷の戸籍や大宝《たいほう》二年（七〇二）の豊《ぶ》前《ぜん》国仲津郡丁里《よぼろ》の戸籍に記す津守の人びと、『和名類聚抄』が明記する豊後《ぶんご》国大分郡津守郷、肥後《ひご》国託間《たくま》郡津守郷などいうように、津守氏の航海や外交における活躍をなかだちとして、西日本にひろがった。

津守氏の奉斎する住吉神の信仰も、『延喜式』所載の住吉神社が、播磨《はりま》国賀茂郡・長門《ながと》国豊浦郡・筑前《ちくぜん》国那珂《なか》郡、さらに壱岐《いき》嶋壱岐郡・対馬《つしま》嶋下県《しもあがた》郡などに鎮座したように、山陽道・西海道への広がりをもったのである。安曇《あずみ》氏の本拠ともいうべき筑前国の阿曇郷・志珂郷に隣接する那珂郡にまで住吉神社がおよぶのは、こうした津守氏の勢威と無関係ではなかった。

安（阿）曇連らの「祖神」とする「綿津見神」（少童命）の〝ワタ〟は朝鮮語のパダ（海）とつながる。『日本書紀』の履中《りちゅう》天皇元年四月の条には「黥《げい》」つまり顔や額《ひたい》の入墨《いれずみ》を「阿曇目《あずみめ》」（この場合は眼のふちに入墨するのをさすと考えられる）と称したことを伝えている。安曇氏らの集団にはこうした異俗があったことを象徴する説話だが、履中天皇即位前紀の説話では阿曇連浜子《はまこ》が「淡路の野嶋《のしま》の海人」数十人を率いて住吉仲皇子《なかつみこ》の変のおりに、仲皇子の側についたことを物語る。そして安曇氏は大阪湾の海民（海人集団）とのつながりをもち、難波に安曇江、また安曇寺ができることともなった。

〝アヅミ〟氏の〝アヅミ〟は「アマツミ」（海津見）の略であろうが、同じ海民でも、どちらかといえば、内海志向・沿岸航路型の安曇集団の本拠地に隣接して、海外志向・外洋航路型の津守氏の奉斎神が鎮座し、逆にまた安曇の集団が、摂津の津守氏の本拠地に隣接して進出するというその重層が、三貴子の誕生にさきだつ、「綿津見神」（少童命）三神と「筒之男命」（筒男命）三神の同類・同系の神生み神話を形づくるにいたったのではないかと推考する。

(2) 分治の神話

海原と根の国　三貴子の生成について、『古事記』は伊邪那伎命《いざなきのみこと》が「左の御目」を洗うときに天照《あまてらす》大御神《おおみかみ》、「右の御目」を洗うときに月読命《つきよみのみこと》、そして「御鼻」をあらうときに建速須佐之男命《たけはやすさのおのみこと》が「成《な》れ」りと述べる。『日本書紀』ではどうか。第一の「一書」では「左の手を以て白銅鏡を持《と》」るときに大日孁尊《おおひるめのみこと》（天照大神）、「右の手に白銅鏡を持」るときに月弓尊（月読尊）、さらに「首を廻《めぐら》して顧眄之間《みるまさかり》に」素戔嗚尊《すさのをのみこと》が「化《な》」ると記す。

第六の「一書」では、『古事記』と同じように、「左の眼を洗ひ」て天照大神、「右の眼を洗ひ」て月読尊、「鼻を洗て」素戔嗚尊が出生したと伝える。左右の「白銅鏡」を媒体に天照・月弓両神が化生する神話には、鏡が「神仙術の霊器」とされ、神秘な呪術力をもつとされている『抱朴子《ほうぼくし》』などの信仰（福永光司「道教における鏡と剣」『道教思想史研究』所収　岩波書店）とかかわりがあると思われるが、「左」の目（眼）や「左」の手から天照大神が生まれるとした観念もまた興味深い。

国生み神話においても、『古事記』では女神（伊邪那美命）は天の御柱を「右より廻《めぐ》」り、男神（伊邪那伎命）は「左より廻」るとし、『日本書紀』の第一の「一書」でも、陽神は「左より」、陰神は「右より」柱を巡廻する神話となっている。「左」を優位・上位とする思想の反映をみいだすことができる。

ついでながらにいえば、衣服の左衽《さじん》（左前の襟）を、民衆サイドにおよんで右衽にするように命令したのは、養老三年（七一九）二月からであり（『続日本紀』）、隋・唐の服制（右衽）の採用にともなって、推古朝のころから、官人のあいだではしだいに右衽へ推移していったと考えられる。

ところで問題は、誕生した三貴子の分掌する場所は、伊邪那伎命（『記』では伊奘那諾・伊奘那冉両神）によって命じられる。『記』・『紀』の伝承はかならずしも一致してはいないが、これを整理すると、つぎのようになる。

神名	(イ)『記』	(ロ)『紀』本文	(ハ)第一の一書	(ニ)第二の一書	(ホ)第六の一書	(ヘ)第十一の一書
天照大神	高天原	天上	天地		高天原	高天原
須佐之男	海原	根の国	根の国	根の国	天の下	海原
月読	夜の食国	日に配ぶ	日に配ぶ		海原	日に配ぶ

この三神の分治をめぐって、諸伝に一貫しているのは天照大（御）神のみであり、須佐之男（素戔嗚）の場合は、海原（イ・ヘ）、根の国（ロ・ハ・ニ）、天の下（ホ）、月読（月弓）の場合は夜の食国《おす》（イ）、海原（ホ）などと、いりみだれている。この分治の詞章では天照大神を高天原を治《しら》す神として位置づけ、高天原の主宰神とする神話的思考の強いことがわかる。しかし須佐之男・月読の場合はより複雑である。須佐之男にあっては海原と根の国、月読にあっては海原と夜の食国とが重層する。

まず須佐之男の分治から、その神格を吟味しておこう。海原と根の国が、古代人の他界観念においてつながりをもっていたことは、たとえば『延喜式』所収の大祓《おおはらい》の祝詞《のりと》に

> 彼方《おちかた》の繁木《しげき》がもとを、焼鎌《やきがま》の敏鎌《とがま》もちて、うち掃《はら》ふ事の如く、遺《のこ》る罪はあらじと祓へたまふ事を高山《たかやま》・短山《ひきやま》の末より、さくなだりに落ちたぎつ速川《はやかは》の瀬に坐《ま》す瀬織津比咩《せおりつひめ》といふ神、大海原《おほうなばら》に持ち出《い》でなむ、かく持ち出でいなば、荒塩の塩の八百道《やほぢ》の八塩道《やしおぢ》の塩の八百会《やほあい》に坐《ま》す速開都比咩《はやあきつひめ》といふ神、持ちかかのみてむ、かくかか呑《の》みては、気吹戸《いぶきど》に坐す気吹戸主《いぶきどぬし》といふ神、根の国・底の国に気吹《いぶ》き放ちてむ、かく気吹き放ちては、根の国・底の国に坐す速佐須良比咩《はやさすらひめ》といふ神、持ちさすらひ失《うしな》ひてむ

と述べられているのにも明らかである。罪の祓いと清めとは海原から根の国への脈絡のなかで消滅するというのである。

根の国が他界であったことは、『古事記』のつぎの神話のくだりにもみいだされる。「汝命《いましみこと》は海原を

治《し》らせ」と命じられた須佐之男が哭泣《こつきゆう》して青山を枯山のようにし、河海をことごとに泣きほし、伊邪《いざ》那伎命《なきのみこと》にたずねられて、「妣《はは》の国《くに》（伊邪那美命《いざなみのみこと》のおもむいた国）根の堅州国《かたすくに》」にでかけようと思うと答えるありようが、そのありさまを物語っている。「根の国」は「根の堅州国」のほか、『日本書紀』では「遠き根の国」（二例）、「下して根の国」（一例）、「底つ根の国」（一例）などと表現されている。

「堅州国」とは「片隅の国」の意味であり「遠き」・「下し」・「底つ」とは、遠方の・下の・底のという意味であろう。「根の国」の「根」は、『延喜式』の大殿祭《おおとのほがい》や大祓などの祝詞にみえる「底つ磐根《いわね》」とか「下つ磐根」とかの「根」と同じで、根本・根元の義である。『古事記』が記す「妣の国根の堅州国」つまり母なる国、根元の国というイメージがふさわしい。

沖縄のニライカナイなどの海上他界観（南方の地域に多い）、すなわち海原につながる根の国の意識のほうが、原初の姿であったと考えられる。ところが宮廷の神話として完成をみた『記』・『紀』の神話では、根の国は具体的には出雲の地域にもとめられている。伊邪那美（伊奘諾冉）の神が、主として出雲系神話に登場することにとどまらず、死後、黄泉《よみ》の国におもむいた伊邪那美のいます黄泉の国への通路ともいうべき「黄泉比良坂《よもつひらさか》」を、『古事記』では「今、出雲国の伊賦夜坂《いふや》といふ」と記す。この「伊賦夜」とは、『出雲国風土記』の意宇《おう》郡の条に書く「伊布夜社」、『延喜式』に記載のある同郡の「揖夜神社」の「いふや」であった（島根県東出雲町揖屋《いや》町付近）。したがって新井白石が、「根の堅州国とは出雲国をさしいふに似たり」（『古史通』）ともいうのである。

須佐之男の「スサ」については「荒ぶ《すさ》」の「スサ」と解釈したり、『出雲国風土記』の飯石《いいし》郡須佐郷、須佐社（『延喜式』の須佐神社）などにちなむ出雲の地名に由来するとみなしたり、さまざまな説がある。また藤（井）貞幹《ていかん》が『衝口発《しょうこうはつ》』で述べたように、新羅王第二代の南解次々雄（慈充）と関連づける説も、かなり早くから提出されている。じっさいに『日本書紀』（巻第一）には「一書」の伝えとして、素戔嗚尊が、子の五十猛《いたける》神とともに新羅国に降り到ると記述するような伝承もあれば、「韓郷《からくに》の嶋」にかかわる伝承もある。そして『出雲国風土記』所収の国引き詞章が、まず「栲衾《たくぶすま》志良《しら》紀《き》の三埼《みさき》（新羅の岬）」からの国引きを記述しているように、出雲と新羅との関係は密接であった。

しかしなぜ、根の国が出雲の地域として、『記』・『紀』の神話で具体化するのかは、別の視点からも吟味する必要がある。出雲在地の神話にも、須佐之男の信仰があったことは、『出雲国風土記』に十一か所におよんで須佐之男をめぐる伝承がみえるのにもうかがわれる。そして出雲神話を代表する大国主神《おおくにぬしのかみ》（大穴牟遅神《おおなむちのかみ》、『出雲国風土記』では大穴持命《おおなもちのみこと》）は、『日本書紀』本文では素戔嗚尊の子とする（ただし第一の「一書」では「五世」の孫、『古事記』と第二の「一書」では「六世」の孫とする）。しかも大国主神は「根の国」で試練をうけ、『古事記』ではその根の国を「須佐能男命《すさのおのみこと》の坐《よ》します根の堅州国」と描く。

大国主命（大穴持命）は、『出雲国風土記』には「所造天下大神命」（十四例）、「所造天下大神大穴持命」（六例）、「所造天下大穴持命」（一例）とあり、『日本書紀』の第六の「一書」には「須佐之男の天下を治すべし」という分治伝承を形づくっている。

その須佐之男神が、根の国を分治するという伝承は、高天原系神話と出雲系神話とを結ぶ媒体として、須佐之男神が『記』・『紀』の神話に位置づけられていることとも関連する、とみなすべきであろう。

だが他方において、根の国は「底つ根の国」として、死後の黄泉《よみ》の国と結合して地底の国ともイメージされていた。そこには垂直的な高天原（天）、葦原の中つ国（地上）、底つ根の国（根の国底の国、地下）とする北方系の世界観も重層する。より原初的な海原彼方の根の国（より南方的根の国の観念）は、やがて垂直的な底の国としての根の国と観念されるようになる。

海原を媒体とする常世《とこよ》観が、死後の黄泉の意義とも結びあっている例は、『出雲国風土記』の出雲郡の「黄泉の穴」の伝承にもうけつがれている。「磯より西の方に窟戸《いわと》」の神秘の洞穴は、島根県平田市猪日《いのめ》湾の海辺にいまも伝承され、海にのぞむ黄泉の洞穴と信じられてきた。

月読の活躍　月読命の場合の分治伝承は、「日に配《なら》ぶ」のほか「海原」と「夜の食国《おすくに》」というように、やはり交錯する。日神と月神の役割からみても、昼と夜に分れて、「日に配ぶ」というのは、この道理であり、月読命が「夜の食国」を治めるというのも自然である。ところが、『日本書紀』の第六の「一書」では「滄《あほ》い海原《うなばら》の潮の八百重《やほえ》を治《しら》すべし」とされている。

漁撈し航海する海人の集団にとって、月は生活の指針でもあった。したがって「海原」と月神がつながりをもつのも、それなりのいわれがあった。伊勢神宮の別宮として、現在も重視されて祭祀されている内宮の月読宮は、『続日本紀』の神護景雲三年（七六九）二月の条や、宝亀三年（七七二）の八月の条にみえており、延暦二十三年（八〇四）の『皇大神宮儀式帳』では「正殿四区」とされ、四神を祭祀する古社であった。それがのちに伊奘諾尊・伊奘冉（冊）両神が分祀されて伊佐奈岐《いさなき》宮二座となったため、『延喜式』では月読宮の祭神は二座（月読命と月読荒玉〈荒魂〉命）と記されるようになるのである（伊勢神宮の別宮については「別宮の祭祀」『伊勢の大神』所収　筑摩書房で詳述したので参照されたい）。

この伊勢の月読神の信仰にも、海人集団の信仰がその背景に存在した。伊勢内宮のみならず、皇大神宮の摂社川原神社、豊受皇大神宮の別宮月夜見宮、同摂社高河原神社でも月読神がまつられており、『延喜式』所載の多気郡魚海神社にも祭祀されている。とりわけ魚海神社では海神をまつり、あわせて月読荒魂神を奉斎する。

日本の神話では、星の神がほとんど登場しない。『日本書紀』の神話、しかも別伝（「一に云はく」に「星の神香香背男」、第二の「一書」に「天津甕星《あまつみかぼし》」）にみえるにすぎず、「悪神」として「神」や「命」の尊称を、いっさいつけてはいない。この点も日本の神話の特徴のひとつとしてみのがせないが、月読神の活躍もきわめて少ないことも軽視できない。

そのことにかんしてみのがせないのが、『日本書紀』の第十一の「一書」の、つぎの所伝である。

伊奘諾尊は月夜見尊（月読命）に命じて、葦原の中国《なかつくに》に保食神《うけもちのかみ》ありと聞く、そこでお前がおもむいて観察せよ、と告げた。月夜見尊が保食神のもとに到着すると、保食神が首を廻して、国にむかうと口から飯を、海にむかうと口から大小の魚を、山にむかうと口から狩猟の獲物《えもの》をはきだして、これらを机にならべて饗応しようとした。月夜見尊は怒《いか》って、剣で保食神を撃ち殺した。

その状況を復命したところ、天照大神が怒って、月夜見尊は悪《あ》しき神であり、互いに相《あい》まみえじと告げて、一日一夜、隔《へだ》て離れて住むことになった。ここでは珍しく月夜見尊の活躍が物語られており、日神と月神が昼と夜にわかれて治める起源が述べられている。

興味深いのはその後日譚である。保食神の屍体の頂《いただき》から牛馬が化生し、額《ひたい》の上から粟《あわ》が、眉の上に蚕《かいこ》が、眼のなかに稗《ひえ》が、腹のなかに稲が、そして女陰に麦および大小の豆が発生したと伝えるのである。

この神話に類似する伝承が、『古事記』の大気《おおけ》（宜）都比売神《つひめのかみ》の神話である。『古事記』では須佐之男命に、大気都比売が鼻・口また尻から種々の味物《ためつもの》（食物）を取りだして饗応しようとしたので、須佐之男が大気都比売を殺したと物語る。殺された大気都比売の屍体からは、頭に蚕、二つの目に稲種《いなだね》、二つの耳に粟《あわ》、鼻に小豆、女陰に麦、尻に大豆が出生したと伝える。

『紀』の保食神と『記』の大気都比売との神話のあいだには、およそつぎの三点のちがいがある。加うるに『記』の神話は、須佐之男が高天原を追放されたとする詞章のつぎに、いわば唐突に「又、食物を大気都比売に乞ひき」として現われる。『古事記』の撰述の過程で挿入された別個の神話伝承の可能性が濃厚である。

第一の相違点は、いうまでもなく『記』では須佐之男と大気都比売の対立として描くが、『紀』では月夜見尊と保食神の対立として記述されていることである。『古事記』には大気都比売にかんする神話は、このほかにもあるが、『日本書紀』にはなく、月夜見尊の活躍については『古事記』はまったく物語ってはいない。

第二は、『古事記』のいわゆる五穀のなかには稗がなく、『日本書紀』では『古事記』にはその発生を物語らぬ牛馬・稗が加えられている。日本神話には稲作文化を背景とするのが多く、とかくその特色としては稲作神話があげられるけれども、これらの神話には狩猟・畑作の文化にかかわる伝承が反映されている。

『常陸国風土記』の筑波郡の条に物語られている「新粟《わせ》の初《にい》（新）嘗《なえ》」の神話などとともに軽視できない伝承である。『記』・『紀』両書に共通するのは粟・麦・大豆・小豆・稲と蚕であって、粟・麦・豆（「陸田種子《はたけつもの》」）の発生が語られていることをあらためて注目すべきであろう。

第三は、『記』では神産巣日御祖命《かみむすひみおやのみこと》が「種」としたとするが、『紀』では天熊人《あまのくまひと》が進上したのを天照大神が「種子」にしたと述べている点である。神産巣日御祖命の「祖」とは、母神をさす。『古事記』における「御祖命」の用例は、すべて母親神であった。前述した「阿曇《あづみの》連《むらじ》等《ら》の祖神」（『記』）の

「祖神」は、沿岸漁人を主とする阿曇系海人集団の職業神であり、日本の古典における「御祖命」・「祖神」のそのなかみは、ケースごとに吟味しなければならない（「神々の世界の形成」『日本の古代』⒀所収　中央公論社）。

神産巣日命は出雲系の神話において、主要な位置を占めるが、ここでも、高天原系の神話と出雲系の神話のつなぎとして、須佐之男が登場し、その「御祖命」神産巣日命による「種」の起源神話になっている。ところが、『日本書紀』では天照大神をクローズアップして、高天原主宰神のひとりとなる天照大神が、「顕《うつ》見しき蒼草《あほひとぐさ》」の食物の「種子」をさだめたことを記すのである。

この大気都比売や保食神をめぐる神話に類似する神話は、インドネシアのセラム島ウェマレー族の神話やメラネシア・ポリネシアなどの神話にもみいだされるが、それらの神話には、『旧約聖書』やギリシア神話とはことなる要素があった（吉田敦彦『日本の神話』青土社）。農業を神が人間に課した忌まわしい刑罰とする観念ではなく、神々が人間に率先して農業などを営むとする観念は、神々が「陸田種子」・「水田種子《たなつ》」をさだめたとする神話のなかみにも推察できる。

月神の信仰　月読神（命）の信仰には、重視すべきいくつかの問題がひそんでいる。

月読神をまつる古社のなかで軽視できないのが、山背《やましろ》（山城）葛野《かどの》の月読神社であった。この社が大宝元年（七〇一）四月以前に存在したことは、大宝元年四月の勅に「山背国葛野郡の月読神、樺井《かばい》神、木嶋《このしま》神、波都賀志《はつかし》神などの神稲は、今より以後、中臣氏に給ふ」とみえるのにも明らかである

（『続日本紀』）。『延喜式』に記載する「葛野に坐《ま》す月読神社（名神大社）」がそれで、いまも京都市西京区松室小添町に鎮座する月読神社に、その祭祀の伝統がうけつがれている。

なぜ、葛野の地に月読神がまつられるようになったのか。その事情を明記するのが、『日本書紀』の顕宗《けんそう》天皇三年二月の条である。そこには、阿閇臣事代《あべのおみことしろ》が壱岐島にいた時、月神が、人に神がかりして「民地をもって、わが月神に奉れ」と託宣したと記述する。阿閇臣は都に帰ってその旨を言上した。そこで「歌荒樔田《うたあらすだ》」を奉り、壱岐県主の先祖が「祠に侍《つか》へ」たというのである。

『日本書紀』はその分注に、「歌荒樔田は、山背国の葛野郡にあり」と書きとどめる。「歌」は葛野郡の地名宇太《うた》であり、「荒樔」の「アラス」は「アル」の他動詞にほかならない。つまり葛野の宇太にある田ということである。葛野の月読神は壱岐から勧請《かんじょう》された神であって、現在も壱岐には小祠ながら月読神の古祠が存在する。壱岐の月神は、壱岐の海人集団の信仰のもとで祭祀されてきた要素が濃厚であった。

『山城国風土記』の逸文《いつぶん》にも、月読神が保食神のもとへおもむく説話を収録している。月読神が聖なる桂《かつら》の樹によりついたと述べて、京都市の桂《かつら》（桂離宮も地名桂にちなむ）という地名の起源を述べることに説話の重点がおかれている。

いまも京都市桂の上野には月読塚があって、土地の伝承では、ここがもとの月読神社の旧社地という。京の桂のあたりも、古くは新羅系渡来氏族の秦氏《はたうじ》の地盤の範囲内にあって、京都市西京区嵐山《あらしやま》宮町《みやまち》に鎮座する松尾大社《まつのおたいしゃ》が、古くから秦氏によって祭祀されてきたこと、そしてさらに前述の葛野の月読神社の月読祝《つきよみのほふり》（月読社の神主）が秦氏であったことを、梅宮神社文書や松尾神社文書によってたしかめられることなど、この月読神の神話の脈絡には、渡来系氏族とのつながりで再検討すべき余地がある。

葛野の月読神社の境内には太子社があって、その神像の調査にたずさわったことがある。高さ約六〇センチの神像（室町時代）だが、後補のおりの墨書があって、寛保《かんぽう》元年（一七四一）、秦種愷《はたのたねひろ》と明記されていた。江戸時代においても、月読神社のまつりのにない手に秦氏がいたことは、さらに確実となって、感銘深いものがあった。

なぜ月読神の神話にかんして、渡来系氏族との史脈を視野にいれて考察しうるのかといえば、第十一の「一書」に記す、保食神の屍体から発生する場所と発生したものは、たとえば眼は num と稗は nui というように、朝鮮語において対応するからである（金沢庄三郎・田蒙季氏らの説）。この神話の伝承グループは渡来系氏族であった可能性が強い。

三貴子の分治の神話を、王権継承の複数の〝ひつぎのみこ〟（たとえば若帯日子命《わかたらしひこのみこと》・倭建命《やまとたけるのみこと》・五百木之入日命《いほきのいりひこのみこと》を「太子」とする『記』の伝承など）のありようと関連づける説がある。しかしそれはあたらない。王権の分掌とそのおもむきをことにするばかりか、王権継承をめぐる〝ひつぎのみこ〟（太子）とは、その性格がまったくちがうからである。

興味深い指摘に、フランスのデュメジュルが、インド＝ヨーロッパ語族（印欧語族）の神話研究によって明らかにした主権機能・戦士機能・生産者的機能の三つの機能に対応させて、理解する説がある。すなわち、アマテラスは統治（主権）機能の神であり、スサノヲは戦士の機能の神であり、ツキヨミは保食《うけもち》の神の神話にも登場するので、生産者的機能をもつ神であるとみなすのがそれである。

注目すべき視角だが、その三機能説でなお検討すべきは、アマテラスの神格には統治機能のみならず、生産者的機能も重なっており、ツキヨミの神話には、前述のような海人集団とのかかわりや、渡来系氏族とのつながりなど、複雑な側面が保有されているからである。しかし月神の活躍は、日本の神話ではアマテラス・スサノヲにはおよばない。

(3) 皇祖神の二元性

高天原の主宰神　皇室の祖先神（皇祖神）としては、のちに天照大（御）神が重きをなすようになるが、『古事記』や『日本書紀』の神話をみても、本来の皇祖神の姿は、かならずしもそうではないことが判明する。天照大神のみではなく、高御産巣日神《たかみむすひのかみ》（高皇産霊尊）にもまた皇祖神としての神格が保有されていたからである。

それは葦原《あしはら》の中つ国の平定を命令した高天原の主宰神は、『古事記』では天照大御神であり、『日本書紀』の本文および第四・第六の「一書」などでは高皇産霊尊であること、さらに天孫降臨を命令する主宰神は、『古事記』では天照大御神と高木神（高御産巣日神）であり、『日本書紀』の本文および第四・第六の「一書」などでは、高皇産霊尊のみであることなどによってもわかる。

『古事記』では主宰神としての位置づけは、天照大御神のほうがより濃厚であって、『日本書紀』においては、高皇産霊尊のほうに、より重点がおかれている。もっとも葦原の中つ国の平定にかんする神話は、一回限りではなく、平定のための第一回の派遣神（天若日子《あめわかひこ》）の場合には、その命令神を『古事記』では、そのはじめに「高御産巣日神・天照大御神」とも書きとどめる。しかしつぎの段になると、その書法は逆転して「天照大御神・高御産巣日神」と、天照大御神を上位とする。そして第二回の建御雷神《たけみかづちのかみ》と天鳥船神《あめのとりふねのかみ》との派遣のおりには天照大御神のみをあげて、高御産巣日神は省略されている。天忍穂耳命《あめのおしほみみのみこと》の派遣の場合にも天照大御神のみを命令神とする。

『古事記』が天照大御神に限って天照大御神と、二重の敬称で表記しているのも、『日本書紀』よりも『古事記』のほうが、天照大神を皇祖神として強く意識しているあかしとなろう。ところが『日本書紀』ではそのようには描かれていない。

天照大御神を天照大神と記すにとどまらず、『古事記』が「高御産巣日神」と書くのを、とくに「高皇産霊尊」と「皇祖神」としての「皇」の字をいれている。『日本書紀』（巻第二）の本文最初の部分には、はっきりと「皇祖高産霊尊」と記すほどであった。したがって、神代巻につづく巻第三の神日本磐余彦《かんやまといわれひこ》（神武天皇）の巻では、神武天皇が「我が天神高皇産霊尊」と称して「今、高皇産霊尊を以て、朕みづから顕斎をなさむ」とことあげするのである。

論者のなかには、『日本書紀』でも天照大神を「皇祖」とする意識があったと、いわれるむきもあるかもしれない。たとえば『日本書紀』の神武天皇即位前紀には、「我が皇祖天照大神」という表記がある。しかしそれでも『日本書紀』では、「我が天神高皇産霊尊・大日孁尊《おおひるめのみこと》」と、高皇産霊尊を上位においている（ただし『日本書紀』の第一の「一書」では天照大神のみを命令神とするが、いわゆる「天壌無窮の神勅」は、この「一書」だけが伝え、後次の伝承の要素が濃厚である。後述参照）。

ところで『記』・『紀』における高御産巣日神（高皇産霊尊）と天照大（御）神との間柄はいかなるものであったか。『古事記』では「別天神《ことあまつかみ》」の一神として高御産巣日神をあげるが、「高天原に成れる神」（『記』）あるいは「高天原に所生《あ》れます神」（『紀』第四の「一書」）の「又曰く」として位置づけられる高御産巣日神（高皇産霊尊）と、禊祓《みそぎはらい》で誕生する天照（大御神）とは、神統譜のうえでは、直接にはつながらない。

それなのに、なぜ『記』・『紀』の両書において、皇祖神のこうしたちがいや皇祖神の二元性が生じたのであろうか。もっとも他方において両神の神統譜上のあつかいにおいて、ある種の融和がはかられていることもたしかであった。

皇孫たる瓊瓊杵尊《ににぎのみこと》の系譜がそれであった。『古事記』と『日本書紀』（別伝を含む）のその神統譜を

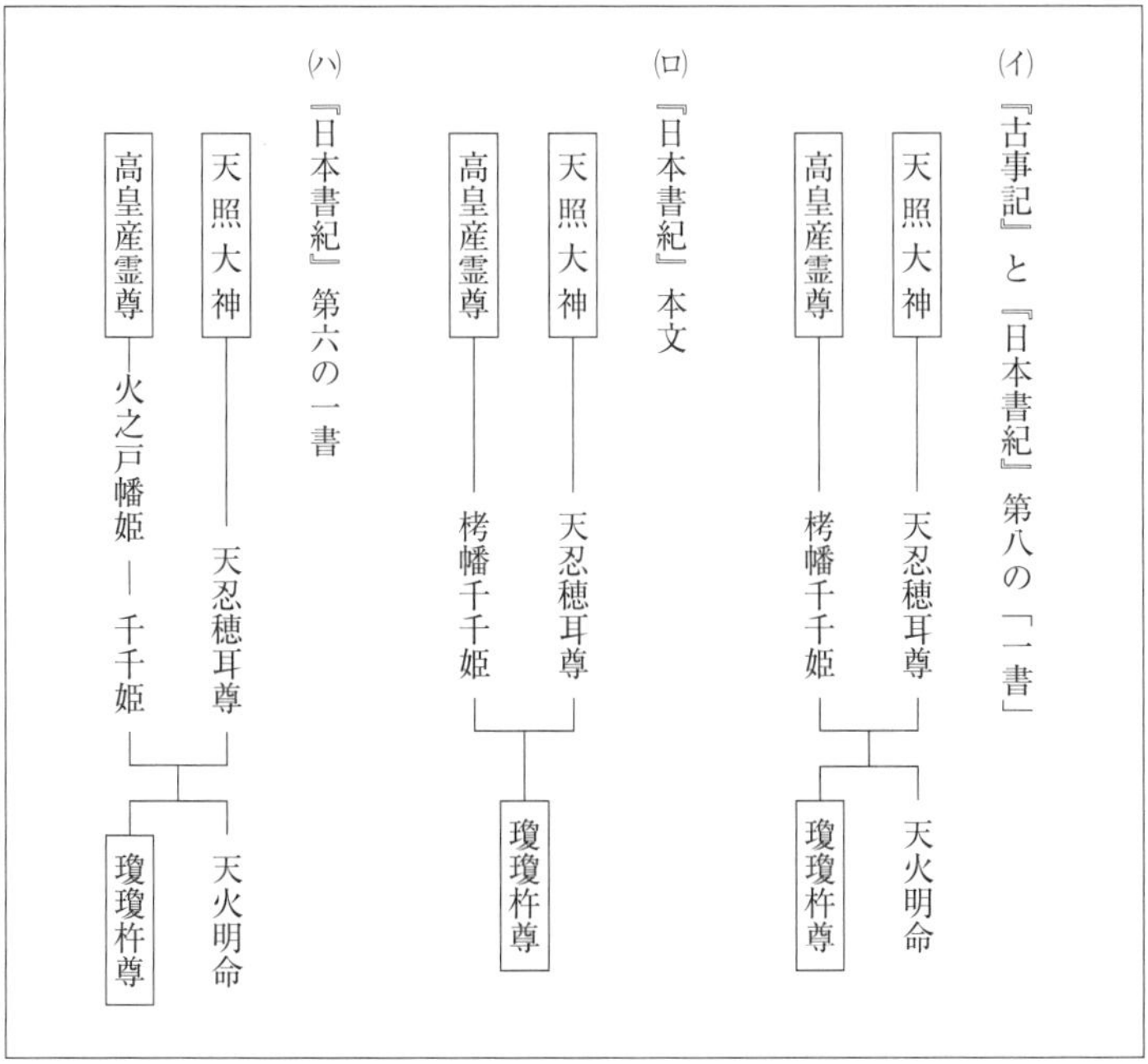

整理するとおよそ上のようになる（ただし神名表記は『日本書紀』による）。

これ以外の『日本書紀』の別伝もあって、多少のちがいはあるが、天照大（御）神と高皇産霊尊（高御産巣日神）が、瓊瓊杵尊《ににぎのみこと》（番邇邇芸命《ほのににぎのみこと》）の父方・母方にそれぞれつながるとするその神統意識は共通している。それは皇祖神の二元性にかかわる伝承の、複合と融和をはかってのあらたな神統譜の形式であった。

二元性の理解　高天原の主宰神としてのタカミムスビとアマテラスは、後にタカミムスビは宮中八神（御巫《みかんなぎ》の祭神）の神としてあがめられ、アマテラスは伊勢皇太神宮の主神としてあおがれたが、こうした皇祖神の二元性を、すぐれた先学はどのように理解されてきたのであろうか。

ここではその代表的な見解を紹介することにしよう。その二元性に、民族史の見地からいち早く注目したのが、喜田貞吉《きたさだきち》博士であった。

喜田説では日本民族を「複合民族」とみなして、「先住土着の民衆」（国津神《くにつかみ》なるもの）に、「第二次的渡来者」たる「弥生式民族」（喜田説ではこれも国津神系とみなされている）が重なり、それに「天孫民族」が接木《つぎき》されて「日本民族」が形成されたと論述した（喜田民族史論には、その「民族」の概念や日朝関係史の認識などに問題のあることとは、別に論究した。「喜田貞吉の民俗史」『古代伝承史の研究』所収塙書房）。

そしてその「天孫民族」つまり天津神《あまつかみ》系が、高句麗・百済系の「扶余《ふよ》族系」につながると推測したのである。こうした視点は、江上波夫説の「騎馬民族征服王朝論」の先駆をなすといってもよい。しかしそれは、いわゆる天津神論・国津神論にとどまって、より整合性をもった論説としては完成するにいたらなかった。

タカミムスビとアマテラスの関係について、より鋭く考察したのが岡正雄説である。日本文化が「混合・累積的構造の文化」であることを重視する岡説は、アマテラス神話とタカミムスビ神話とは「全く別系統の神話圏に属するもの」であり、イデオロギー的に牧畜民的文化を背景とする「タカミムスビ神話を伝承する進入民族」が、「アマテラス神話を固有とする先住の米作農耕民族を征服」して、タカミムスビを皇祖神化したと説明した。

それならなぜ、皇祖神化したタカミムスビよりも、日神アマテラスがもっぱら皇祖神として崇拝されるようになったのであろうか。その点について岡説は、「支配民族」（いわゆる「天皇族」）と「先住族」の種族的文化的混淆によって、「天皇族の文化は短時日の間に先住異族の文化に吸収される」にいたり、「母系種族に固有であったアマテラスが、母系種族の文化の浸透に伴い、専ら皇室の祖神として崇拝を享受するにいたった」とみなすのである（『異人その他』言叢社）。説得力にとむ見方である。

これにたいして逆の考えも表明されている。たとえば三品彰英説がそうであった。「『書紀』本文をもって代表される基本的所伝においてタカミムスビノ神一柱《ひとはしら》のみが司令するということは、神話的内容からしていかなる意味を持つものであろうか」と問うて、「天孫の皇祖としてはタカミムスビノ神よりも、『書紀』第一の一書のごとく、アマテラス大神を神話するところに、かかる後代的精神を窺うことができよう」と指摘する（『建国神話の諸問題』三品彰英論文集　第二巻　平凡社）。

つまり岡説ではアマテラス神話（先住の米作農耕民族）→タカミムスビ神話（進入の牧畜民族）、そして両者の種族的文化的混淆のなかでの母系種族に固有のアマテラスの優位化が説かれ、三品説では皇祖タカミムスビ→アマテラス大神への発展を説いて、そこに後代的（律令的）精神のありようをうかがうのである。

両者の理解は、微妙にことなっているが、ここでは皇祖神の二元性を、タカミムスビとアマテラスとの原像の対比のなかで、あらためて吟味することにしよう。それは倭王権や、いわゆる倭（大和）朝廷の由来を検討するさいにも軽視できない問題点の一つともなる。

タカミムスビの実相　タカミムスビを『古事記』では「高御産巣日神」（別に「高木神」）と書き、『日本書紀』では「高皇産霊尊」と表記する。この「高皇産霊」を『日本書紀』でもタカミムスビとよんでいることは、「皇産霊、此をは美武須毗《みむすび》と云ふ」と明記するのによってもたしかである。

古語の「ムス」は物《もの》がおのずから生成するのを意味する。そして「日」（ヒ）は上代仮名づかいの甲類の清音であり、「毗」（ビ）はやはり甲類の濁音であって、原義としてはともに霊ないし霊力をさす場合が多い。

本居宣長《もとおりのりなが》が大著『古事記伝』において「産霊とは凡《すべ》て物を生《な》すことの霊《くすび》なる神霊を申《もうす》なり」と述べているのはあたっている。ワクムスビ（和久産巣日神）やカムムスビ（神御巣日神）のムスビも同じであった。しかもムスビの神に穀霊ないし農耕神的性格がつきまとっていることは、国づくりにいそしむスクナヒコナをタカミムスビの御子神（『紀』第六の「一書」、『記』ではカムムスビの御子神とする）とすることや、ワクムスビの御子神を、農耕文化を背景とするトヨウケヒメとする伝承、さらには『古事記』でカムムスビが稲・粟・麦・大小豆の「種」をさだめたとする伝えなどにもみいだされる。タカミムスビの神格には、牧畜民的文化よりも農耕民的文化のいろあいが強いといわねばならない。

出雲国造《いずものくにのみやつこ》の神賀詞《かんよごと》では、「高天《たかま》の神王高魂命《たかみむすびのみこと》の皇御孫命《すめみまのみこと》に、天下《あめのした》の大島国を事《こと》よさしまつりし時」と記されている。「高天の神王高魂命」を「高天の神主」（アマテラス）と「高魂命」（タカミムスビ）と解釈するような説は曲解であり、高天原の神王をタカミムスビノミコトとする伝承は、出雲在地の国造の〝従属の誓詞〟のなかにも生きつづいていたのである。

このことは高天原の主宰神をタカミムスビとする意識が、けっして宮廷神話の世界のみに存在したのではないことを傍証する。「神賀詞」の性格および『延喜式』所載の「神賀詞」のなりたちについては、別に論究したところだが（『日本神話』岩波新書ほか）、原神賀詞の成立は飛鳥《あすか》に宮居のあった朝廷の代にさかのぼると思われるが、現伝の神賀詞は、新任の出雲国造が朝廷に出仕して従属を誓ったもので、現伝のそれは少なくとも天平五年（七三三）以降、天安元年（八五七）以前のものと考えられる。

ところでその表記に、「高天の神王」とある点もみのがすわけにはいかない。「高天」といい、「神王」といい、その表現にはあるいは道教の信仰が重層している可能性もあるからである。とりわけ、「神王」は、道教の神仙ないし諸天の用語にもみいだすことができるからである。

タカミムスビが宮中八神のなかの御巫《みかんなぎ》祭神として重きをなしていたことは、たとえば『延喜式』の宮中神、その御巫祭神に「神産日《かみむすび》神、高御産日《たかみむすび》神、玉積産日《たまる(づめ)むすび》神、生産日《いくむすび》神、足産日《たるむすび》神、大宮売《おおみやのめ》神、御食津《みけつ》神、事代主《ことしろぬし》神」と明記するのにも明らかである。

奈良県の天理市布留《ふる》に鎮座する古社のなかの古社であった石上《いそのかみ》神宮（石上神宮についてはしばしば言

及したが、近時の考えは「石上の祭祀と神宝」『大神と石上』所収　筑摩書房を参照）には、鎮魂祭ゆかりの鎮魂祭神八座が、神域内に奉斎されているが、その筆頭の神は「高皇産霊神」となっている（その社は俗称「八皇子神殿」とよばれている）。この場合は宮中鎮祭神八座（『延喜式』）にならったものと推察されるが、タカミムスビが宮中のみで祭祀された神でないのは、『延喜式』所載の古社のありようをみてもわかる。

『延喜式』にはタカミムスビの社として、山城国乙訓《おとくに》郡の羽束師《はつかし》に坐《ま》す高御産霊神社、大和国添上《そえかみ》郡の宇奈太理《うなたり》に坐す高御魂神社、同国十市《といち》郡に坐す高御魂神社、さらに対馬国下県《しもあがた》郡の高御魂神社がそれである。その各古社についての私見は、かつて『日本神話』（岩波新書）で言及したが、あらたな史料を加えて、前著を若干補っておきたい。

まず山城乙訓の羽束師に坐す高御産霊神社だが、そのまつりの伝説をうけつぐのが、京都市伏見区羽束師志水町鎮座の羽束師神社である。この「羽束師」の神のハツカシは、「波都賀志」（『続日本紀』）、「羽束」（正倉院文書『東大寺奴婢帳』、『和名抄』）、「羽束志」（『三代実録』）などと書かれたが、前述したように大宝元年（七〇一）四月三日の勅にもみえる「波都賀志神」がそれであった。

少なくとも大宝元年の四月以前には、山城国の波都賀志（羽束師）でまつられていた神であった。「羽束神」（『新抄格勅符抄』）がなぜ高御産日神と結びつくのか。その間の事情はなおさだかでないが、『延喜式』所載の内膳司には、園神《そのかみ》祭十四座があって、そのなかに羽束志園三座が存在することを無視できない。宮廷の園神と羽束志園とがかかわりをもっていたことはたしかであり、大同元年（八〇六）には羽束神に神戸《かんべ》（四戸）が充奉されている。「羽束石社社神主」であった古河為猛が、文政十年（一八二七）に著わした『羽束師社旧記』では、雄略天皇二十一年四月の鎮座とし、天智天皇四年（六六五）、延暦三年（七八四）にそれぞれ再建されたと記す。

『羽束師社旧記』の伝承の信憑性には検討すべき余地が多いが、大宝元年以前、倭王権と波都賀志神がすでにつながりをもっていたことは疑えない。皇祖神タカミムスビの伝承は、宮廷祭祀を媒体に乙訓の地域にも入って祭神化したのであろう。

大和国添上郡の宇奈太理に坐《ま》す高御魂神社の場合はどうであろうか。この社は「菟名足社《うなたり》」、その神は「菟名足神」とも記され、『三代実録』には「法華寺《ほつけ》薦枕《こもまくら》高御産栖日神《たかみむすび》」とみえる。その鎮座地は法華寺のそばであり、薦枕とは佐保川の別名の薦枕川にちなんだものであった。そして『日本書紀』の持統天皇六年（六九二）十二月の条には、新羅の使節のもたらした調《みつぎ》を、伊勢・住吉などの大社とならんで菟名足にも奉献している。

『大和志』では「法華寺村にあり、今、楊梅天神と曰《い》ふ」と述べている。平城宮の東張出部分に位置する菟名足社の東南の池のあたりで、建物跡が発掘されており、その建物の柱の柱根が八角形であったことも留意すべきであろう。いずれにしても、菟名足社（宇奈太理社）のタカミムスビは、その鎮座地から推考しても、平城宮の宮中神タカミムスビとのつながりが深い。

問題は大和国十市郡に坐《ま》す高御魂神社である。この式内社の由来は、『日本書紀』の顕宗天皇三年四月の条に記す日神の神託とかかわりをもつ。日神が人《ひと》に神がかりして阿閇臣事代《あべのおみことしろ》に託宣し、「磐余《いわれ》の田を以て、我が祖高皇産霊に献《たてまつ》れ」と告げた。そこで事代が奏上して、神託のままに田十町を献じ、対馬下県直《つしましもあがたのあたい》が、その祠に侍《つか》えたと伝える。

同年三月の条の月神の託宣と、山背《やましろ》の歌荒樔田《うたあらすだ》（宇太にある田）とのつながりについては前述したが、四月の条に述べる「磐余の田」は十市郡内の磐余であり、十市郡目原に鎮座する高御魂神社のいわれは、この神託伝承に由来する。

三月の条の月神の託宣には、「我が祖高皇産霊、そひて天地を鎔《あ》ひ造る功まします」とある。天地鎔造の神として我が祖高皇産霊尊が意識され、月神の場合には壱伎《いき》（壱岐）県主《あがたぬし》の先祖の押見宿禰《おしみのすくね》が祠に侍えたとすること、そして四月の条の日神の託宣では、やはり「我が祖高皇産霊」と告げられて、対馬下県直が祠に侍えたこと、その両伝承は注目にあたいする。

ここでは日神・月神の「祖」としてタカミムスビが位置づけられており、しかもタカミムスビは「天地鎔造」の神であって、前者の月神は壱岐と、後者の日神およびタカミムスビは対馬とかかわりをもって登場する。

一九六〇年代の後半、私ははじめて対馬の調査におもむいた。そのおり対馬の厳原《いずはら》町豆酘《つつ》の多久頭魂《たくづたま》神社境内で、式内社高御魂神社ゆかりの古祠をみいだした。そのおりの感銘はいまもあざやかである。

その調査にもとづく一部は『日本神話』（岩波新書）にも書いたが、現在の鎮座地はもとの場所ではなく、もともとは豆酘の海辺（豆酘中学校のあたり）にあったと伝える。

なぜ対馬にタカミムスビの古社が存在するのか。そこには朝鮮半島からツングース系の民族につながる穀霊と神木（聖樹）の信仰が横たわっていた。

高句麗の東盟の祭儀では、「木隧（襚）を神坐」にした（『魏志』東夷伝高句麗の条）。この木隧は穀神を象徴する神木であった（三品彰英『古代祭政と穀霊信仰』平凡社）。そして東盟の祭儀は穀霊の祭儀であった。タカミムスビの神名は、別に「高木神」とも称されたが、その神名じたいが神木（聖樹）信仰を背景とするものであり、前に指摘したように、タカミムスビの信仰には、穀霊・農耕神的要素が内包されていた。

高句麗の建国神話の始祖は鄒牟《すうむ》Sumuであり、鄒牟は朱蒙《すもう》Sumoともよばれた。その始祖名は神《しん》桿《かん》の索莫Sumoと同一の語であった（三品彰英『古代祭政と穀霊神仰』平凡社）。この鄒牟（朱蒙、のちに東明王と称された）の信仰は百済にも伝播している（『古代学とその周辺』人文書院でも言及）。

このように検討してくると、タカミムスビの信仰が朝鮮半島との史脈を保有していたことが、しだいに判明する。ツングース系の神霊にSumuの存在することもみのがせない。

(4) アマテラスの内実

天と海と　タカミムスビの神格とその信仰をめぐって、若干の考察をこころみてきたが、アマテラス大（御）神の原初は、どのように認識すればよいのか。皇祖神の二元性を、伊勢の大神の内実から、あらためて吟味することにしよう。

第三章の「(1)三貴子の誕生」でも言及したように、『日本書紀』が天照大神の神名としてまず最初に記す、「大日孁貴《おおひるめむち》」の用字そのものが、至貴の女巫の神を意味した。つまりその神話における原像には、まつられる神というよりは、まつる神としての神格があった。

そのことは『記』・『紀』の神話においても、天照大神が忌服屋《いみはたや》（斎服殿《いみはたどの》）で、神にささげる神御衣《かんみそ》を織る女神として物語られているのをみてもうかがわれよう。のちに「日神」としてあがめまつられ、かつ皇祖神として昇華した天照大神の本来の姿には、まつられる神としての神格よりも、まつる女神としての神格が先行していた。

天照大神が「日神」として尊崇されるようになったことは、『記』・『紀』にこの神を「日神」と明記するところからもたしかだが、太陽信仰が海人集団とも深いかかわりをもっていたこともまた、ここであらためて注意しておく必要があろう。

アマテラスの神といえば、多くの人びとが伊勢神宮の内宮正殿の主祭神を想起するが、アマテラスの神は、伊勢神宮のみでまつられていたわけではない。それは延喜《えんぎ》五年（九〇五）から編纂がはじめられて延長《えんちょう》五年（九二七）に完成をみた『延喜式』に収録する、いわゆる式内社《しきないしゃ》の「アマテラス」（「天照」）ゆかりの社をかえりみただけでもわかる。

Ⓐ山城《やましろ》国葛野《かどの》郡、同久世郡、大和国城上郡・城下郡、摂津《せっつ》国嶋下郡の天照御魂神社

Ⓑ丹波国天田郡の天照玉命神社、播磨《はりま》国揖保《いほ》郡の天照神社、対馬《つしま》国下県《しもあがた》郡の阿麻氐留《あまてる》神社

Ⓒ河内国高安郡の天照大神神社、筑後国三井郡の伊勢に坐《ま》す天照御祖神社

これらがその例である。各国々でもアマテラス神はまつられていた。もっともⒸの例は、その社名に「天照大神」あるいは「伊勢に坐《ま》す」と書かれているように、伊勢神宮系のアマテラスの社であったが、ⒶやⒷはそうではない。それぞれの地域においてまつられたアマテラスの神であり、各地域の守護神としての太陽神（日神）であった。

そして大和国城上郡の「他田《おさだ》に坐す天照御魂神社」のように、天照国照彦天火明命《あまてるくにてるひこあめのほあかりのみこと》を祭神とするアマテラスの社もあった。火明命が「天照」と称されたことは『日本書紀』などに「天照国照彦火明命」とあり、またカムヤマトイワレヒコすなわち神武天皇の大和平定に先だって河内に降臨し（後述参照）、大和に入ったと伝える、ニギハヤヒノミコトもまた『先代旧事本紀《せんだいくじほんぎ》』などが、「天照国照彦天火明櫛玉饒速日尊《くしたまにぎはやひのみこと》」と記すように、「天照」を冠していた。

対馬国下県郡の阿麻氐留《あまてる》神社も、伊勢神宮の天照大神と直接にはつながらない。現在は対馬の小船越に鎮座するが、宗家文書の『対馬国大小神社帳』には「照日権現」とみえており、近世にあってもこの地域の日神としてあがめられていた。

『延喜式』の完成以前に実在した「天照神社」のすべてが、『延喜式』に載っているわけではない。たとえば元慶《がんぎよう》元年（八七七）に神階従五位下を贈られた筑前国鞍手《くらて》郡の天照神社は、『延喜式』には収録されていない。しかし、各地域でまつられていたアマテラスの神と社のありようは、こうした式内社の実相にもみいだされる。

「天照国照」ともあおがれた火明命が、尾張氏などのほか、海人集団との結びつきを保有していたことは、丹後の一の宮である籠《この》神社の「籠名神社祝部氏系図」に、火明命が海部直《あまべのあたい》の始祖とされているのをかえりみても察知されよう。

日神が海人集団とかかわりをもっていたことは、伊勢のアマテラス神の原像を探究するさいに軽視できないひとつの問題点である。『日本書紀』の垂仁天皇二十五年三月の条には、天照大神が倭姫《やまとひめの》命《みこと》に託宣するくだりが記述されている。「神風の伊勢国は、常世《とこよ》の浪の重浪《しきなみ》の帰《よ》する国なり。傍国《かたくに》のうまし国なり。この国に居らむと欲《おも》ふ」との神託がそれである。

天照大神の伊勢鎮座の由来にかんする託宣であった。この神託のまにまに、その「祠」を伊勢にたて、「斎宮」を五十鈴《いすず》の川上におこすということになる。『日本書紀』の本文では、この「斎宮」を磯《いその》宮とよんだことを記している。伊勢神宮とは書かずに、大神の「祠」と記している点もみがせないが、その鎮座の場所が、海上他界の〝常世《とこよ》〟の浪の重浪につながる地とされ、「斎宮」が磯宮と称されたこともたんなる偶然とはみなしがたい。

伊勢の神のまつりと伊勢在地の磯部《いそべ》氏が関係をもっていたことは、たとえば『続日本紀《しょくにほんぎ》』の和銅四年（七一一）三月の条に、伊勢国人の磯部祖父および同高志《こし》に渡相《わたらい》（度会）神主を賜与したとの記事があり、延暦《えんりゃく》二十三年（八〇四）の『皇大神宮儀式帳』に、度会評（郡）助督の磯部牟良《むら》、竹（多気）評（郡）助督の磯部真奈手《まなで》の氏名がみえているのによってもわかる。そしてその磯部が地名になっていたことも、中世の記録によってたしかめられる。

三重県志摩郡磯部町大字上之郷に鎮座する伊雑宮《いぞうのみや》は、伊勢内宮の重要な「五所別宮」のひとつであって、神亀《じんき》六年（七二九）の「志摩国輸庸帳」には、志摩国の粟嶋神と伊雑神が記載されており、『延喜式』には大神の「遥宮《とおつみや》」として伊雑宮と滝原宮をあげている。その伊雑宮の御田植祭は、いわゆる日本三大御田植祭のなかでもとりわけ圧巻である。現在も毎年六月二十四日に古式ゆかしく行なわれているが、御田植祭のおりの竹取り神事は、忌竹《いみだけ》とサシバを、漁民たちが奪いあう勇壮な絵巻といってよい。

忌竹には二個のサシバがとりつけられる。上方は円形（直径二・六メートル）で、島台《しまだい》に松竹梅、松の梢《こずえ》の近くの右側に太陽、左側に新月が描かれている。そして島台の前には神酒二本、その右そばに亀、松の左下枝の上には稲穂をくわえた鶴を配置する図柄である。

下方のサシバは楕円形（縦四メートル、横幅三メートルばかり）で、五色の帆をはった「宝船」が描かれ、船には米俵が積まれて、船尾には「神通丸」の幟旗《のぼりばた》が立ち、五色の帆には太一と大書し、その帆の頂点には、「宝珠」があざやかである。

『皇大神宮儀式帳』には伊雑宮の料稲が記され、中世の伊雑宮には御常供田があった。そして江戸時代の文書には「御田之神事、是古今之定例」と明記されていた。忌竹とその柱は、神霊の依《よ》り代《しろ》であり、磯部の海人集団と日神と田の神信仰との重層がうかがわれる。

その図柄には後世の信仰的知識が加上されてはいるが、いまも奪いとったサシバや忌竹を神棚に供えたり、あるいは漁民の船ダマサマにささげたりする。そこには磯部の海民信仰の名残がただよっている。

伊勢神宮の神饌として古くから注目すべきものに、「御塩」と「御贄《みにえ》」があった。それらは『止由気宮儀帳《とゆけのみやぎちょう》』にも明記されているが、「御贄」を代表する神饌が鰒《あわび》であり、干鯛《ひだい》であった。そして栄螺《さざえ》、乾栄螺《ほしさざえ》、蛤《はまぐり》、蠣《かき》、海参《いりこ》（乾ナマコ）なども神饌として奉献される。農耕神としてもあがめられた伊勢大神の神饌には、意外にも海の〝おもの〟（神饌）が多い。

アマテラスの神には「天照」と書かれたので、「天上」のイメージが強いけれども、〝アマ〟の原義には、アマ＝海のイメージも存在した。それは『古事記』（下巻）の雄略天皇の条に記す、三重釆女《みえのうねめ》を主人公とする物語歌の三首の長歌を、「此の三歌は、天語歌《あまがたりうた》なり」とする歌謡名にもみいだすことができる。

この「天語歌」の伝承者たちは、宮廷の語部《かたりべ》化した天語連（『新撰姓氏録』右京神別）や、その配下の海人駈使《あまはせづかい》らであったのではないかと想定したことがあるが（『日本古代国家論究』塙書房）、この物語歌の主人公が三重（伊勢国の三重郡）の采女であるばかりでない。〝ことの語りごともこをば〟を終句とする点で「天語歌」と同類の、『古事記』（上巻）の四長歌の「神語《かんがたり》（歌《うた》）」の第一首に〝いしたふや海人駈使　ことの語りごともこをば〟と「海人駈使」のことの語りごとがはっきりと詠みこまれているのをみてもわかる。

別の視点から『豊受大神宮禰宜補任次第《ねぎぶにんしだい》』および「度会氏系図」によって、伊勢国造と度会神主の祖神が「天日別命《あめのひわけのみこと》」であり、そして『新撰姓氏録』（左京神別）が伊勢朝臣を「天日別命の後なり」とする系譜伝承とも符合し、『新撰姓氏録』が天語連を「天日鷲命《あめのひわしのみこと》の後なり」とするそれが、前掲の「天日別命」にほかならぬことを論証した考察も貴重である（土橋寛『古代歌謡の生態と構造』塙書房）。

『続日本紀』の養老三年（七一九）十一月の条には、近江の朝妻湊《あさづまのみなと》のあたりを本拠とした、朝妻手《て》人《ひと》竜麻呂に「海語連《あまがたり》」の氏姓を賜与した記述がある。天語連の本来の姿はやはり海語連であったとみなしてよいのではないか。かつて新井白石が『古史通』・『古史通或問』などで、古史の研究にあって「漢字」にこだわる愚を説き、高天原の「天」を「海」と解釈した、その一見強引とも思われる指摘には再考すべき余地がある（この点は『日本の名著　新井白石』中央公論社でも言及した）。

皇祖神化に重なるもの　アマテラス大神の原像に、海神的要素が内包されていることを、あらためて提起したが、その皇祖神化のプロセスは、俗にいわれるようなけっして単純なものではなかった。『古事記』の崇神《すじん》天皇の条には、豊鉏比売命《とよすきひめのみこと》について「伊勢神宮を拝祭」と記し、垂仁天皇の条には、倭比売命《やまとひめのみこと》にかんして「伊勢大神を拝祭」と注記する。『日本書紀』では景行天皇二十年二月の条に、「五百野《いほの》皇女を遣《また》したまひて、天照大神を祭らしむ」などと述べる。しかしこれらの所伝が史実かどうか、それはさだかでない。

ところで『日本書紀』の雄略天皇元年三月の条には、稚足姫《わかたらしひめ》皇女が「伊勢大神の祠に侍《はべ》る」と記し、また継体天皇元年三月の条には、荳角《ささげ》皇女が「伊勢大神の祠に侍る」と述べる。

雄略朝以後の斎王関係伝承はかなりの信憑性があり、『日本書紀』欽明天皇二年三月の条の磐隈《いわくま》皇女の「初め伊勢大神に侍り祀る」の記事から後の斎王にかんする伝承は確実視してよいであろう。もっとも磐隈皇女についての「初め」とは、斎王の「初め」ではなく、茨城《うまらき》皇子に姧《おか》されて解任される以前に斎王であったことを表現した「初め」で、これを斎王の「初め」とするような説は誤読である。

雄略大王の王権が倭王権の歴史において、注目すべき画期であったことは、別に詳論したが（『大王の世紀』、および「古代史と辛亥銘鉄剣」『古代の日本と東アジア』所収　ともに小学館）、伊勢大神と倭王権の史脈においても、雄略朝は軽視できない。伊勢内宮の主神は、もともと河内大王家の守護神であり、雄略朝のころに伊勢に遷され、外宮の主神こそが在地の度会氏の守護神とする示唆にとむ見解もある（岡田精司『古代王権の祭祀と神話』塙書房、同「伊勢神宮成立史の問題点」『大阪工大中研所報』十二巻三号）。

『日本書紀』の垂仁天皇二十五年三月の条には、「一に云《い》はく」として「丁巳の年冬十月の甲子を取りて、伊勢国の渡遇宮《わたらいのみや》に遷す」との別伝を載せている。この「丁巳」を四七七年とすれば、雄略大王の代のできごととなり、いっそうの蓋然性がともなう。

なぜ伊勢が、伊勢大神の鎮座地になったのか。伊勢の地域が、伊勢湾を介しての東国経営の要地であったことを重視する見方もあるが、在地の海人集団らの太陽信仰があり（神島のゲーターまつりにも、その要素が濃厚である）、かつ海上他界につながる東方の聖域としての意味あいも重なっていたのではないかと推考する。

雄略大王の代のころから、倭王権のまつる大神化した日神、すなわち伊勢大神が、ただちに皇祖神としての「皇霊」の祖になったわけではない。敏達朝の菟道《うじ》皇女、用明朝の酢香手姫《すかでひめ》皇女の斎王派遣以後、天武朝まで斎王の派遣が記録にみえないのは、倭王権の「日神」化はしていても、まだ皇祖神として、その神統譜の頂点をしめるまでにはいたらなかったためであろう。

伊勢の天照大神が、皇祖神として明確化するのは、天武・持統朝からであった。とりわけ六七二年の皇権簒奪戦争ともいうべき壬申の乱を媒体に、よりあざやかになる。『日本書紀』には壬申の乱のおり、吉野を脱出して挙兵した大海人《おおあま》皇子（のちの天武天皇）が、迹太《とお》川（朝明《あさけ》川）のほとりで「天照大神を望拝」したと記す。壬申の乱に勝利した大海人皇子側の史料や勝者の史観からまとめられた「壬申紀」を、そのままうのみにするわけにはいかない。しかしそれが史実であったことは、従軍日誌の『安斗智徳《あとのちとこ》日記』（『釈日本紀』所引）に、六月の「廿六日辰時、朝明郡迹太川上に於て、天照大神を拝礼」とあることからもたしかめられよう。

『万葉集』に、壬申の乱のさいの大海人側の軍司令官でもあった高市《たけち》皇子の殯宮《もがりのみや》のおり、柿本人麻呂が挽歌を詠んで〝渡会の　斎宮《いつきのみや》ゆ　神風の　い吹き惑《まど》はし〟（一九九）と歌っているのも、いわれあってのことである。

『日本書紀』の天武天皇十年（六八一）五月の条には宮廷で「皇祖の御魂を祭る」と書かれている。この「皇祖」の実体は不明だが、「皇祖」の祭儀が天武天皇の朝廷でなされたことはうたがいない。天武朝において大来《おおく》（大伯）皇女が斎王として派遣され、以後、代々恒例化し、伊勢神宮最大の祭儀である式年遷宮が、天武朝に定められて、持統天皇四年（六九〇）から実施されたのも、天武・持統朝が天照大神の皇祖神としての完成期であったことを物語る。

『古事記』や『日本書紀』の神統譜およびこれと関連する氏族系譜のなりたちに、いかに壬申の乱が深いつながりをもっていたかは、すでに早く言及したところだが（『日本古代国家成立史の研究』青木書店）、持統朝のはじめのころには〝天照らす日女《ひるめ》の尊〟を高天原の主宰神とする宮廷信仰や宮廷神話が実在していたことは、持統称制三年（六八九）四月、皇太子草壁《くさかべ》皇子が薨《こう》じたが、その嬪宮挽歌に、柿本人麻呂が、〝天地《あめつち》の　はじめの時　ひさかたの　天の河原に　八百万《やほよろづ》　千万神《ちよろづかみ》の　神集《かんつど》ひ集ひ座《いま》して　神はかり　はかりし時に　天照らす日女《ひるめ》の尊（一に云はく、さしのぼる日女の尊）　天《あめ》をば知らしめすと〟（一六七）と歌いあげていることからも明瞭である。

西王母の信仰　天照大神の皇祖神化のプロセスにあわせてみのがせないのは、対外交渉や対外関係を媒体とする皇祖神の神格多様化のありようである。こうした視覚からの究明はきわめて少ないが、アジアのなかの日本神話のなりたちをみきわめるさいに、不可欠の視点といってよい。

『日本書紀』の白雉《びやくち》五年（六五四）二月の条には、前述したように遣唐押使《おうし》（遣唐使の代表）高向《たかむこの》玄理《くろまろ(げんり)》が、唐で東宮監門《とうぐうかんもん》の郭丈挙に「日本国の地里（理）及び国の初の神の名」を問われ、「皆問《みなと》ひにしたがひて答へつ」と記す。

この記事は重要である。遣唐外交のなかで、日本国（倭国）の地理のみならず「国初の神名」が問題となり、押使である高向玄理は「皆」これに回答したというのである。そのころには、ある程度の建国神話は存在したとみるべきであろう。建国の始祖ないし祖神をもたぬことは、夷狄《いてき》であるとみなされる恥でもあったにちがいない。建国の歴史を保有していることは、古代文明のひとつのものさしでもあった。

そのために、日本の宮廷神話のなかには、予想以上に朝鮮や中国などの神話の影響をうけたものが内包されることにもなる（後述参照）。

唐突なようだが、皇祖神化する天照大神の神話には、道教の最高の仙女ともいうべき西王母《せいおうぼ》の信仰が重層していた。

『古事記』や『日本書紀』に記載する天石屋戸（天石窟戸）の神話には、天照大（御）神が石屋戸隠れする前提として、天照大神の忌服屋《いみはたや》（斎服殿）に、速須佐之男命（素戔嗚尊）が天斑馬《あまのふちこま》（天斑駒）を逆剝《さかは》ぎにして投げこむ神話が物語られている。

すなわち『古事記』の上巻に、「天照大御神、忌服屋に坐《ま》して、神御衣《かんみそ》を織らしめし時、その服屋の頂《むね》を穿《うが》ち、天の斑馬を逆剝ぎに剝ぎて堕《おと》し入るる時に、天の服織女《はたおりめ》見驚きて、梭《ひ》に陰上《ほと》を衝きて死にき」とあり、『日本書紀』巻第一の本文に、「是の後に、素戔嗚尊のしわざ、はなはだあづきなし、いかにとならば、天照大神、天狭田《あまのさなだ》・長田《ながた》を以て御田となす。時に素戔嗚尊、春はしきまきし、また畔毀《あはなち》す。秋は天斑駒を放ちて、田の中に伏す。また天照大神の新嘗《にひなへ》きこしめす時を見て、すなはちひそかに新宮にくそまる。また天照大神、みざかりに神衣を織りつつ、斎服殿にましますを見て、すなはち天斑駒を剝《さかはぎにはぎ》て、殿の甍《いらか》を穿《うが》ちて投げいる」と記述するのがそれである。

そして『日本書紀』の第一の「一書」には、「稚日女尊《わかひるめのみこと》、斎服殿にましまして、神の御服を織る」と書き、第二の「一書」に、「日神、織殿にまします時に、すなはち斑駒を生剝《いけはぎ》にして、その殿の内にいる」と記す。

この神話をどのような祭儀の投影とみるかについては諸説がある。太陽が洞窟や箱のなかに隠れたり、また隠れた太陽をさまざまな手段でよびもどすという神話伝承は、東アジアや東南アジアにもある。しかし神（御）衣を織る女神の忌服屋（斎服殿）に天斑駒を投げいれるという神話には、独自の要素が内包されていた。

『古事記』の神話に、「大嘗《おおにへ》をきこしめす殿に屎《くそ》まり散らしき」とあり、また『日本書紀』の神話に、「新嘗きこしめす時を見て、すなはちひそかに新宮にくそまる」とあるのを重視する見解では、宮廷新嘗祭とのかかわりを説き、神（御）衣を織る服織女などに注目する考えでは、伊勢神宮の神衣祭にもとづく神話とみなす説が多い。

大嘗祭のなりたちは、天武・持統朝、とりわけ持統朝であって、『古事記』の神話に「大嘗」とある、その実際は「新嘗」であろう。新嘗とのかかわりも当然推考しうるが、神宮の神衣祭との関係については、なお断定することはできない。

『記』・『紀』の神話には、忌服屋（斎服殿）が登場し、神（御）衣を織るくだりがある。それらをとりあげれば、いかにも神宮の神衣祭と類似するかのようにみえる。したがって、この神話を神衣祭と関連づける説はかなりあって、たとえば「日本古典文学大系」『古事記』（岩波書店）の頭注のように、「神衣祭は天皇が伊勢神宮に神衣を献られる大切な神事で、神祇令によると孟夏と孟秋に行われた。ここはそれに基づいた神話」などと書かれたりもするのである。

だがはたしてそうであろうか。『古事記』の神話では、「天照大御神、坐二忌服屋一而、令レ織二神御衣一之時」と記されている。現伝最古の写本である真福寺《しんぷくじ》本『古事記』の原文も、これにつぐ道果本『古事記』の文も同じである（ただし道果本では天照大御神を、天照太御神と書く）。だが、この文を本居宣長が説くように、「此は大御神の御手自《ミテヅカラ》織たまふには非ず」、「衣繙《ミソオリ》女をして織《オラ》しめ給ふなり」と解釈すること（『古事記伝』）はいかがなものであろうか。

天照大御神みずからが「忌服屋に坐して」服織女と共に織るのである。そのことは『日本書紀』の本文が、「天照大神、みざかりに神衣を織りつつ、斎服殿にまします」とし、「天照大神、おどろきて、梭を以て身を傷《いた》ましむ」とし、また第一の「一書」に、「稚日女尊、斎服殿にましまして、神の御服を織」り、「稚日女尊、すなはち驚きて、機よりおちて、持たる梭を以て体を傷まし」と述べられていることからも明らかである。

なぜそのことがらをあらためて問うかといえば、伊勢神宮の神衣祭は、大神宮司・禰宜《ねぎ》・宇治内人《うちんど》らが神服織織女八人、神麻績織女八人を率いて、服部・麻績の織女の織れる和妙衣・荒妙衣などを供進する祭儀であった（『皇大神宮儀式帳』・『延喜式』など）。正宮の主神天照大神が織るのではなく、天照大神や荒祭宮の祭神たる大神荒魂は、服部・麻績の織女（各八人）の織る神衣を献《たてまつ》られる側である。ところが、『記』・『紀』の神話では、天照大神みずからが忌服屋（斎服殿）にまして、神にささげる神（御）衣を織るのである。まつられる側ではなく、まつる側にたつ。しかも、神衣祭の織女は、延暦二十三年（八〇四）年の『皇大神宮儀式帳』に記すとおり、服部・麻績両氏の織女計十六人であった。

単純に、この忌服屋をめぐる神話を、神宮の神衣祭にもとづくなどとは即断できない。さらに注目すべき問題がひそむ。『記』・『紀』神話の神（御）衣を織る主体が、天照大神であったと伝えるその背景には、機を織る道教の西王母信仰が重層していたのではないか、というひとつの謎が介在するからである。

織女の伝承　西王母は道教における最高の仙女であり、東王父（公）とならび称せられた。中国の古典『山海経《せんがいきょう》』に、はやくも西王母伝承が記録されているが、本来は畏怖の女神であった。漢代にはいると美麗の女神となり、後漢《ごかん》の時代には織女神として登場する。そして牽牛《けんぎゅう》・織女の星合い伝承もこのころには具体化してくる。そして、道教最高の仙女として西王母があおがれるようになった。

一九五三年、中華人民共和国の山東省沂南《きなん》でみつかった後漢墓の画像石には、東王公と西王母が対《つい》になっており、一九七一年の発掘調査で、内モンゴル自治区和林格爾《ホリンゴール》県で明確となった後漢時代の壁画古墳にも、西王母・東王公とみなされる人物が描かれていた。西晋の張華の著わした『博物志』には、西王母が七月七日に東王公のもとを訪れるといういわゆる七夕《たなばた》伝承が記されている。

七夕伝承にかんしての貴重な壁画は、朝鮮民主主義人民共和国の南浦《ナムポ》市江西区域徳興里で発掘調査された徳興里古墳の壁画である。この壁画古墳の内部構造がはじめてわかったのは、一九七六年の末であった。一九八〇年の八月、日本人研究者としてはじめて壁画ならびに墨書を実見する機会にめぐまれたが、その人物風俗画に描かれた人物はなんと二百名近く、墨書（墓誌を含む）は六百余字もある。その実見報告については別に公表したので（『古代の道教と朝鮮文化』人文書院）、ここではくりかえさないが、墨書によって永楽十八年（四〇八）の築造であることが判明した徳興里古墳の、前室南側天井には、銀河（天の川）をはさんでの牽牛と織女が描かれている。白色の高冠に黄色の外衣の牽牛は、淡緑色の牛を曳き、織女は高髻、淡黄色のチョゴリ風、緑と白の彩りのあるチマ風の姿で、黒犬がしたがっている。「牽牛之象（像）」「織女之象（像）」の墨書があって、五世紀初めまでに、高句麗に七夕伝承の伝来していたことを実証する。

そしてその天井壁画には、墨書して「玉女持幡」「玉女持槃」「仙人持幡」「仙人持華」の姿があった。墨書の「釈加文仏弟子」「周公相地、孔子択日」の文や七宝行事の図などとあわせて、五世紀はじめまでに、高句麗には仏教・儒教のほかに、道教の信仰もまた重層して伝来していたことを如実に物語っている。高句麗の壁画古墳（八十基余り）には、これまでにも神仙あるいは玉女ではないかと推定されている人物が描かれていたが、それらはあくまでも推定であって、その確証はなかった。

ところが徳興里古墳壁画の墨書によって、道教の信仰にもとづく「仙人」「玉女」であることがたしかめられたのである。一九八六年の四月と七月にも、この古墳内部を精察するおりがあったが、徳興里壁画古墳の近くの山が、いまも玉女峰とよばれていることを知って、あらたな感動をおぼえた。

大阪府茨木市宿之庄《しゅくのしょう》の紫金山古墳から出土した勾玉文鏡（仿製鏡）には女神像がある。その女神像（坐像）は頭部に玉勝《ぎょくしょう》をつけているので、西王母であることがわかる。紫金山古墳は古墳時代前期の古墳であり、そのころすでに西王母信仰が導入されていたことを示唆する。

忌服屋で神衣を織る天照大神の神話イメージに、日神としての女神ばかりでなく、西王母の信仰が重層していたのではないかとする私見は、『万葉集』の巻八・巻十・巻十七などに、棚機《たなはた》つ女《め》など織女と彦星をめぐる歌がかなりあることのみによってではない。『日本書紀』によると、持統天皇五年（六九一）の七月七日に宮廷で「公卿」の「宴」があり、さらにその翌年の七月七日にも「公卿」の「宴」があるなど、そのころには宮廷生活にも七夕信仰が流伝していた可能性があるからである。

伊勢神宮の神衣祭における正宮・荒祭宮への和妙衣・荒妙衣の奉献を、西王母信仰と関連づけるのは飛躍である。しかし、高天原最高の女神たる天照大神の忌服屋と最高の織女でもある日神像の背景については、西王母信仰が重層したと考えられる要素のかなりあることは、前述の究明からも察知されよう。

第四章　出雲と筑紫

(1)　出雲の神話

三つのグループ　『記』・『紀』神話をはじめとする宮廷の神話の多くが、いわゆる高天原《たかまがはら》系神話と出雲《いずも》系・筑紫《つくし》系の神話を、主要な核として体系化されていることは、これまでにもくりかえし述べてきた。もっとも、いわゆる高天原系神話として一般的に類別されるその神話の内容が、すべて高天原を舞台として展開しているかというと、その実相はかならずしもそうではない。

たとえば『古事記』の神話は、その冒頭に「天地初めて発《ひら》けし時、高天原に成れる神の名は、天之《あめの》御中主神《みなかぬしのかみ》、次に高御産巣日神《たかみむすひのかみ》、次に神産巣日神《かむむすひのかみ》」と記すように、神々の生成のそのはじめから「高天原」を強調しているが、『日本書紀』の神話では「高天原」における神々の生成という観念はむしろ希薄である。

『日本書紀』神話のはじまりを念のために、記しておこう。

古《いにしへ》に天地《あめつち》未《いま》だ剖《わか》れず、陰陽《めを》分《わか》れざりしとき、渾沌《まろか》れたること鶏子《とりのこ》の如《ごと》くして、溟涬《ほのか》にして牙《きざし》を含《ふふ》めり。其《そ》れ清陽《すみあきらか》なるものは、薄靡《たなび》きて天《あめ》と爲《な》り、重濁《おもくにご》れるものは、淹滞《つつ》ゐて地《つち》と爲《な》るに及《およ》びて、精妙《くはしくたへ》なるが合《あ》へるは摶《むらが》り易《やす》く、重濁《おもくにご》れるが凝《こ》りたるは竭《かたま》り難《がた》し。故《かれ》、天先《ま》づ成《な》りて地後《のち》に定《さだま》る。然《しかう》して後に、神聖《かみ》、其の中《なか》に生《あ》れます。故曰《かれい》はく、開闢《あめつちひら》くる初《はじめ》に、洲壌《くにつち》の浮《うか》び漂《ただよ》へること、譬《たと》へば游魚《あそぶいを》の水上《みづのうへ》に浮《う》けるが猶《ごと》し。時《とき》に、天地の中に一物《ひとつのもの》生《な》れり。状葦牙《かたちあしかび》の如し、便《すなは》ち神《かみ》と化爲《な》る。國常立尊《くにのとこたちのみこと》と號《まう》す。至《いた》りて貴《たふと》きをば尊《そん》と曰《い》ふ。自餘《これよりあまり》をば命《めい》と曰《い》ふ。並《ならび》に美擧《みこと》等と訓《い》ふ。次《つぎ》に國狹槌尊《くにのさつちのみこと》。次に豐斟渟尊《とよくむぬのみこと》。凡《すべ》て三《みはしら》の神ます。乾道《あめのみち》獨《ひとり》化《な》す。所以《このゆゑ》に、此《こ》の下皆此《しもみなこれ》に效《なら》へ。純男《をとこのかぎり》を成せり。

右の文の「古に天地未だ剖れず、陰陽分れざりしとき、渾沌れたること鶏子の如くして」から、「神聖、其の中に生れます」までの叙述が、中国古典の『淮南子《えなんじ》』や『芸文類聚《げいぶんるいじゅう》』などの文章を借用しての表現であることは、先学のこれまでの考察でも明らかにされている。「鶏子の如く」という形容も『三五歴紀』にあり、「神聖」という用語じたいが、いかにも中国風である。いうならば「借文」で、『日本書紀』神話の本文冒頭を文飾しているわけだが、「故曰はく、開闢くる初に、洲壌の浮び漂へること、譬へば游魚の水上に浮けるが猶し」以下の文章には『日本書紀』独自の表現と伝承を内包する。そしてそこにはそれらの三神が、「高天原」に生成した神々とする意識は、ほとんどみいだされない。

「天地の中に一物生れり。状葦牙の如し。便ち神と化爲る」と述べるにとどまる。その別伝として六つの「一書」をかかげているが、「高天原に所生《あ》れます神」と記すのは、第四の一書のなかに「又《また》曰《い》はく、高天原に所生れます神の名を、天御中主尊と曰《もう》す、次に高皇産霊尊、次に神皇霊尊」と述べるだけである（『古事記』の神話とは用字が異なることは前述した）。

そして『日本書紀』が「洲壌の浮び漂へること、譬へば游魚の水上に浮けるが猶し」と記述する表現には、海民（海人《あま》集団）をにない手とする宇宙起源神話の要素がある。「高天原」における神々の生成を強調する『古事記』の神話でも、「国稚《くにわ》かく浮べる脂《あぶら》の如くして、くらげなすただよへる時」と表現しており、いわゆる高天原系神話のなかにも、口誦伝承としての段階における海民的な神話の要素もまた、そのなかみにとりいれられていることをみのがすわけはいかない。

『記』・『紀』神話の構成は、①天地開闢《かいびやく》↓②国生み・神生み↓③天石屋戸（天石窟戸）↓④国ゆずり↓⑤天孫降臨というすじみちにしたがって組みたてられているが、いわゆる出雲系神話が『記』・『紀』神話で、がぜんクローズアップされるのは、須佐之男命《すさのおのみこと》（素戔嗚尊）が、その乱暴なしわざによって、高天原を追放されて天降ることによってである。

こうして出雲系神話を主とする神話へと移行するのであるが、そのすじみちには不自然な要素のあることを、あらためて注意しておく必要がある。

『古事記』における須佐之男命の追放にかんする詞章はつぎのようになる。

(1)「是に八百万《やおよろず》の神、共に議《はか》りて、速須佐之男命に千位《ちくら》の置戸《おきど》を負《おお》せ、亦鬚《またひげ》を切り手足の爪《つめ》を抜かしめて、神やらひやらひき」

(2)大気津比売神《おおけつひめのかみ》と五穀発生の神話

(3)「故《かれ》、避追《やら》はえて、出雲国の肥《ひ》の河上、名は鳥髪《とりかみ》といふ地に降りましき」

つまり(1)の高天原追放と(3)の出雲の斐伊《ひい》川上流鳥髪への降臨とのあいだに、(2)の五穀発生の神話が挿入され、「故、避追はえて」という表現で、(1)をうける文章(3)のかたちをとる。そこには明らかに文脈の断絶がある（『日本書紀』では前述したように、三貴子の分治にかんする別伝として第十一の「一書」、月夜見尊と保食神《うけもちのかみ》の対立するところに五穀などの発生神話を位置づけている）。

須佐之男命（素戔嗚尊）の神格には、高天原の主宰神たる天照大神の兄弟神としての天つ神の位置があって、他方では出雲系の国つ神の代表神たる大国主神（大穴牟遅神《おおなむちのかみ》・大己貴命《おおなむちのみこと》）の祖先の神としての神統譜をもつ。つまり天つ神の神格と国つ神の神格とが重なりあうのである。天つ神と国つ神の二重の要素をおびる神として、『記』・『紀』神話では位置づけられているといってよい。

その不安定性は、その系譜（神統譜）にも明らかである。すなわち『古事記』によれば、スサノヲ→ヤシマジヌミ→フハノモヂクヌスヌ→フカフチノミズヤレハナ→オミヅヌ→アメノフユキヌ→大国主神という神系になるが、『日本書紀』ではそうではない。

『紀』の本文ではスサノヲ→大国主とする父子関係であり、第一の「一書」ではスサノヲの生んだ子は、清《すが》（須賀）の湯山《ゆやま》の主《ぬし》、サルヒコヤシマシノで、その「五世の孫」が大国主神とする。そして第二の「一書」ではスサノヲの生んだ子の「六世の孫」が大国主神（大己貴命）とする。須佐之男命（素戔嗚尊）における神系伝承のみだれはいちじるしい。いわゆる高天原系神話と出雲系神話を結びつける接点に位置づけられた神としての矛盾が、こうした記録化された宮廷神話のなかみにも露見する。

国ゆずりの主要な舞台は、後述するように出雲の地であった。ところが、国ゆずりが完結して、天孫たる邇邇芸命《ににぎのみこと》（瓊瓊杵尊）が降臨する場所は、筑紫の高千穂峰（後述参照）になる。葦原《あしはら》の中つ国の平定を象徴する出雲のことむけのあとに、天孫が降臨する場所としては、出雲の地こそがふさわしい。それなのに『記』・『紀』神話では、出雲に降臨せずに筑紫へ天降るのである。

ここにも出雲系神話のあとをうけての、筑紫系神話の『記』・『紀』神話のなかへの組みいれという、構成化と体系化の矛盾がうかがわれる（筑紫系神話のありようは、後節で述べる）。

そこでまず『記』・『紀』の出雲系神話と、『出雲国風土記』にみいだされる出雲神話のずれなどを検討することにしよう。

八千矛の国　天孫降臨の前提となる葦原《あしはら》の中つ国の平定が、具体的には出雲を舞台にくりひろげられていることは、『古事記』が高天原から派遣された建御雷神《たけみかづちのかみ》と天鳥船神の「降り到り」しところを、「出雲国の伊那佐《いなさ》の小浜」とし、『日本書紀』が、派遣神たる武甕槌神《たけみかづちのかみ》と経津主神《ふつぬしのかみ》の「降到《くだりい》」たったところを「出雲国の五十田狭《いたさ》の小汀《おはま》」（本文、第二の「一書」）などと、明確に「出雲国」をあげているのをみてもわかる。

ところで、出雲に象徴される葦原の中つ国を、『記』・『紀』の神話ではどのようにイメージされているか。それは「ちはやぶる荒ぶる国つ神どもの多《さわ》」なる国であり（『記』）、「螢火《ほたるび》のかがやく神」・「さばえなす悪《あ》しき神」・「邪《あ》しき鬼」・「ちはやぶる悪しき神ども」の満ちみちている国（『紀』）として表現されている。いうならば高天原の神々からすれば荒ぶる悪神・邪神の国であった。

その国ゆずりによる平定の後には、葦原の中つ国は「豊葦原《とよあしはら》の水穂国《みずほのくに》」（『記』）、「葦原の千五百秋《ちいほあき》の瑞穂の国」（『紀』第一の「一書」など）というように、その表現が激変する。

だが、そのような中つ国観ばかりで、出雲国が位置づけられていたわけではない。私が注目するのは「矛《ほこ》」の国のイメージも濃厚につきまとっていたという点である。出雲を代表する神々のなかの中心は、やはり大穴牟遅神（大国主神）であった。この神が八千矛神《やちほこのかみ》（『記』・『紀』の第六の「一書」では八千戈神）とも称されたばかりでなく、『日本書紀』の本文では、大己貴神（大国主神）は国の平定に広矛を用い、国ゆずりをするさいには、その矛を派遣神に授けたと記述する。

すなわち大己貴神が「国平《む》けし時に杖《つ》けりし広矛を以て、二神（武甕槌神・経津主神）に授けて曰《もう》さく『我、此の矛を以て、つひに功治《ごとな》せることあり。天孫、もし此の矛を用ひて国を治《し》らさば、必ずさきくましましなむ。今、我、まさに、ももたらず八十隈《やそくまで》にかくれなむ』と」、と記すのがそれである。

また『日本書紀』の巻第三、神日本磐余彦《かんやまといわれひこ》（神武）天皇三十一年四月の条には、大己貴神が「玉牆《たまがき》の内つ国」と名づけたその国を、伊奘諾尊《いざなぎのみこと》が「細戈《くわしほこ》の千足国《ちたるのくに》」とよんだと述べる。これらの伝承は、出雲が矛にゆかりの深い国としてうけとめられていたことを物語る。

ここで想起するのは、島根県斐川《ひかわ》町神庭《かんば》の荒神谷《こうじんだに》神庭遺跡である。一九八四年の夏から翌年の夏にかけておこなわれた発掘調査で、考古学界を驚きの渦にまきこんだことは、今も記憶になまなましい。

一九八四年の夏には、荒神谷神庭遺跡から銅剣（中細C形）がなんと三百五十八本も検出された。その多量の埋納は、それまでに各地でみつかっている銅剣の総数（約三百本）をはるかにうわまわる。荒神谷神庭遺跡だけで、全国出土の銅剣総数よりもその数は多い。そして翌年の夏には、銅鐸六個、銅鉾十六本が出土した。この多量の銅剣は、出雲でつくられたものではないかと想定しているが（シンポジウム『荒神谷の謎に挑む』角川書店　銅鉾は北九州系、銅鐸は近畿系であり、一号鐸は試作品ではないかと考えている）、島根県大社《たいしや》町の命主《みことぬし》神社境内からは中細b形の銅戈も出土しており、弥生時代においても出雲はまさに銅剣をはじめとする文化に重きをなした地域であったことが証明される。まさしく八千矛神が鎮座する「細戈（矛）の千足国」とよぶにふさわしい。

荒ぶる邪神・悪神の満ちみちる国のイメージは、宮廷神話における、高天原の側からの認識であった。

国ゆずりの実相　出雲は古墳文化にあっても、注目すべき地域であった。方墳・前方後方墳などの方形墳が、出雲の東部を中心に、古墳時代の前期から後期にかけて数多く築造され、方形のマウンドの四隅の裾が伸びるいわゆる四隅突出型《よすみとっしゅつがた》の墳丘墓や同型の古墳のもっとも集中する地域である。四隅突出型は、出雲を中心に、因幡《いなば》・伯耆《ほうき》・石見《いわみ》、山陰寄りの安芸《あき》・備後《びんご》、そして加賀・越中などでもみつかっているが、とりわけ多いのは出雲であり、出雲市の西谷《にしたに》丘陵にある四隅突出型の墳丘墓群のなかには、一辺が約五十メートルほどもある大型のものがある。かつてこの四隅突出型のルーツは、高句麗にあるのではないかと推測していたが（シンポジウム『日中古代文化の接点を探る』山川出版社）、一九八八年の四月から五月にかけての発掘調査で、朝鮮民主主義人民共和国の慈江道楚山郡の蓮舞里二号墳などが同系のタイプであることが判明した。なお今後の精密な比較検討が必要だが、古代の北ツ海（日本海）文化圏における重要な問題を提起していることにかわりはない。

　青銅器の文化においても出雲がみのがせない地域であったことは前述したとおりだが、鉄の文化にあっても、出雲は注目すべき地域のひとつであった。『出雲国風土記』の仁多《にた》郡横田郷の条には、「以上の諸郷（三処《みところ》郷・布勢《ふせ》郷・三沢《みさわ》郷・横田《よこた》郷）より出す所の鉄、堅くして尤《もつと》も雑具を造るに堪ふ」と注記し、また飯石《いいし》郡の波多小川《はたのおがわ》の条に「北に流れて須佐川に入る」にかんして「鉄あり」と付記するのも偶然ではない。

　最近、岡山県の総社市奥坂の千引・かなくろ谷遺跡で、製鉄炉四基が検出され、従来もっとも古いとみなされていた岡山県久米郡久米町の大蔵池南製鉄遺跡よりも古い炉跡であることが判明した。また京都府竹野郡弥栄町《やさか》の遠所遺跡《えんじょ》から、六世紀後半のころからの製鉄関連の製鉄炉・鍛冶炉などが検出されて話題となった。遠所遺跡は丹後半島中央部に位置し、日本海寄りの、海上ルートでの鉄文化導入の可能性を示唆する製鉄遺跡である。

吉備《きび》そして出雲、さらに丹後という製鉄文化のひろがりにも留意すべきものがある。朝鮮半島における鉄の文化は、『三国志』の「魏志《ぎし》」東夷伝弁辰《べんしん》の条に「国、鉄を出す、韓・濊《わい》・倭皆従って之《これ》を取る、諸市買ふに鉄を用ふ」と記述するように、日本列島よりも早くひろがっていた。近時の発掘調査の成果も、これを傍証しており、慶州では大規模な製鉄関係遺跡が明らかになっている。

中国山地のタタラ地域には、鍛冶師・鋳物師の守護神ともいうべき、金屋子《かなやご》神の信仰がいまも根強く生きつづいているが、金屋子神の降臨伝承が、吉備や出雲などに伝わっているのも興味深い。

出雲臣らの自己主張　天平五年（七三三）の二月三十日に、国造兼意宇《おう》郡大領であった出雲臣広嶋と秋鹿《あいか》郡の神宅臣金太理《みやけのおみかなたり》（細川家本による）の勘造《かんぞう》した『出雲国風土記』については、第二章の(1)「風土記・祝詞の諸相」でも言及したが、そこで指摘しておいたように、明らかに『記』・『紀』の神話とはおもむきをことにする伝承が書きとどめられている。在地の郡司層らのもとにまとめられた出雲神話と、大和の支配者層のもとで集約された出雲系神話とのあいだには、かなりの断層が存在した。

各国の『風土記』が国司クラスの人びとや大宰府《だざいふ》の官僚たちによって編集されたのにたいして、『出雲国風土記』が、出雲臣広嶋らの郡司クラスの勘造になることじたいが異様である。したがって現伝本は、出雲国の国司が上申した「解《げ》」（上申文書）ではなく、それとは別の稿本、あるいは副本であった可能性も、いちがいに否定できない。

加うるに『出雲国風土記』では、各郡ごとにそれぞれの郡司が連名していることもみのがせない。いずれにしても各郡の郡司層の協力のもとに、成書化したことはたしかであった。天平五年といえば、その「序」によれば和銅五年（七一二）正月二十八日に「献上」されたという『古事記』より数えて二十一年ばかりの後であり、養老四年（七二〇）の五月二十一日「奏上」の『日本書紀』より十三年ばかりの後であった。宮中の「天皇書」としてのいろあいの濃厚な『古事記』はともかく、完成後少なくとも養老年間のころから、『日本書紀』は宮廷の貴族や官僚らによって講書されていた。

出雲国造であった広嶋は、その内容をある程度知っていたはずである。なぜなら彼は二度にわたって平城宮へ、「神賀詞《かんよごと》」奏上のために参向している。出雲国造の果安《はたやす》（広嶋の父）は、霊亀二年（七一六）二月に平城宮で「神賀詞」を奏上した。そしてその「神賀詞」は、神祇大副の中臣朝臣人足《なかとみのあそみひとたり》によって天皇にとりつがれている。

広嶋の子の弟山の場合も、天平勝宝二年（七五〇）二月、平城宮の大安殿に天皇が臨席して、その「神賀詞」の奏上をうけた（『続日本紀』）。

広嶋は神亀元年（養老八年＝七二四）の正月、さらに神亀三年の二月、平城宮で「神賀詞」を奏上したが、そのおりの状況はさだかでない。しかし広嶋の父および子の場合から推考すれば、その奏上がやはり天皇にとりつがれたことはたしかであろう。平城宮に出仕し、平城京に滞在した広嶋が、『日本書紀』の完成を知らぬはずはない。それなのに、『出雲国風土記』には、他の『風土記』のごとく、天皇（大王）・皇族（王族）の巡幸説話はいっさい記載せず、出雲在地の神々の巡行やその伝承を特筆するのである。

そこにはこの『出雲国風土記』における出雲臣らを代表とする、「中央」への自己主張があったとみなすべきであろう。私がかねがね注意してきたのは、つぎの二つの注目すべきことがらである。そのひとつは、神亀元年の十月に、出雲守で按察使《あぜち》をかねて、伯耆《ほうき》・石見《いわみ》・隠岐《おき》をも所管していた息《おき》長《ながの》真《ま》人臣足《ひとおみたり》が「贖《しょく》貨《か》狼藉《ろうぜき》」の罪で、位禄を剥奪されるという事件がおこっていたことであり、他のひとつは広嶋のときから二度も入京して「神賀詞」を奏上することが義務づけられたことである（出雲国造広嶋のときから再度の奏上が恒例化する）。

つまり「中央」からの出雲への統制の度合は強化されつつあった（七二〇年代からの対新羅関係の悪化と緊張も、出雲をその前線基地とする情勢が加わったであろう）。そのなかでの伝統への回帰と自己認識が出雲の『風土記』には反映されたとみるべきかもしれない。

従属の誓詞ともいうべき「神賀詞」の奏上は、出雲国造新任のさい、一年の潔斎をへて（その潔斎にかんする伝承は、『出雲国風土記』の意宇郡忌部《いんべ》神戸《かんべ》の条、仁多郡三沢郷の条にもみえている）、朝廷に参向して行なうのがしきたりであった。もっとも「神賀詞」の奏上例ではないけれども、出雲の意宇郡と同じように神郡とされた筑前国宗像《むなかた》郡の郡司の宗形朝臣鳥麻呂が「神斎を供奉すべき状を奏し」た例など（『続日本紀』天平元年四月の条）もある。だが、多くの国造のなかで、このような「神賀詞」の奏上を義務づけられていたのは、出雲国造のみであった。

現伝の「神賀詞」は、『延喜式』所収のもので、果安や広嶋のおりの「神賀詞」であったかどうかは疑わしい。なぜならそこには「百八十六社に坐す皇神《すめがみ》たち」と明記されているからである。この「百八十六社」とは、『出雲国風土記』が「百八十四所、神祇官にあり」と記す、神祇官の台帳に記載されている社のことである。つまり現伝の「神賀詞」では、天平五年の百八十四所（社）よりも二社多い百八十六社となっている。それならこの百八十六社であった時点はいったいいつか。延長五年（九二七）完成の『延喜式』の「神名帳」では「百八十七社」になっているから、天平五年～延長五年のあいだが、現伝の「神賀詞」の書かれた時期ということになる。

『出雲国風土記』の「百八十四」よりも、『延喜式』で「百八十七」と三社増加しているその三社とは、神門《かんど》郡の神産魂命《かんむすびのみこと》子邑日女《のみこむらひめ》神社・塩冶《えんや》日子命《ひこのみこと》子焼大刀《のみこやきたち》天《あめの》穂《ほ》日子《ひのみこのみこと》神社および能義《のぎ》郡の天《あめ》穂日命《ほひのみこと》神社がそれであった。ところでそのうちの天穂日命神社が、神祇官の幣帛を供進される「官社」になったのは、天安元年（八五七）であって（『文徳実録』）、年次不詳の他の二社は、おそらくそれ以前に「官社」化していたものと思われる。

この推定が正しいとすれば、現伝の「神賀詞」は平安時代前期のものということになる。その平安時代前期の「神賀詞」でも、「高天《たかま》の神王《かんおや》（この「高天の神王」という表現には道教的要素もある）」とする「高御魂《たかみむすび》の命《みこと》の、皇御孫《すめみま》の命《みこと》に天下《あめのした》大八嶋国を事避《ことよ》さしまつりし時に、出雲臣らが遠つ祖天穂《あめのほ》日命《ひのみこと》を国体見《くにがたみ》に遣はしし時」とか、「己《おの》が命《みこと》が児天夷鳥命《みこあめひなとりのみこと》に布都怒志命《ふつぬしのみこと》を副《そ》へて、天降《あまくだ》し遣はして」とかと、やはり『記』・『紀』神話の葦原の中つ国「平定」の派遣神伝承とは、ことなる内容となっている（後述参照）。

出雲国造果安や、その子の広嶋の奏上のおりの「神賀詞」のなかみはわからないが、やはりそこには、こうした出雲臣らの存在証明としての自己主張をともなう神話伝承が奏上されていたと考えられる（私の説は現伝の「神賀詞」が新しいといっているのであって、果安以前にも出雲国造の「神賀詞」奏上があった可能性を否定しているわけではない。私説を誤解しての批判はあたらない）。

所造天下の神　『記』・『紀』神話での、葦原の中つ国の「平定」のための派遣神は、およそつぎのようになっている。『古事記』ではまず⑴天菩比神《あめのほひのかみ》を派遣したが、大国主命に「媚《こ》び付《つ》きて」三年も「復奏《かえりごともうし》」をしなかったので、⑵天津国玉神《あまつくにたまのかみ》の子とする天若日子《あめわかひこ》を派遣したが、やはり「復奏」せず（天つ神より与えられた天加久矢《あまのかくや》の還矢《かえりや》にあたって死す）、⑶そこで建御雷之男神《たけみかづちのおのかみ》と天鳥船神《あめのとりふねのかみ》を派遣して葦原の中つ国ゆずりを迎えることになる。

『日本書紀』の本文ではどうか。まず派遣されたのは、⑴天穂日命であったが、三年にいたるまで復命せず、⑵ついでその子の大背飯三熊之大人《おおせびみくまのうし》（武三熊之大人）を遣わしたがやはり復命せず、⑶天《あめ》稚彦《わかひこ》も反逆して、(4)最後に経津主神《ふつぬしのかみ》と武甕槌神《たけみかづちのかみ》が派遣されて国ゆずりが完成する。『日本書紀』の第一の「一書」では、(1)天稚彦、(2)武甕槌神と経津主神の派遣伝承を記述し、第二の「一書」では武甕槌・経津主両神の派遣のみを、第六の「一書」では天稚彦の派遣伝承だけを記載する。

出雲国造の「神賀詞」では(1)天穂日命（天菩比命）の派遣を特筆し、しかも「出雲臣らが遠つ祖」であったことを強調する。そして大背飯三熊や天若日子（天稚彦）の派遣にはふれず、国ゆずりを迫る神も、天穂日命の児とする天夷鳥命であったことを特記し、その副神としての布都怒志命、（経津主神）をあげる。『記』・『紀』神話に重きをなす建御雷之神（武甕槌神）について、「神賀詞」はまったく言及していない。これは『出雲国風土記』においてもそうであって、建御雷之神はまったく登場せず、布都怒志命は意宇郡の楯縫《たてぬひ》郷の条と山国郷の条の二か所にみえるだけである。

『風土記』における神話伝承を収録する態度は、「神賀詞」奏上のなかみや、派遣神のとりあげかたにおいても、その基本的な姿勢は両者共通している。

宮廷神話のもっともととのった派遣神伝承は、『日本書紀』本文の伝えであったが、それは平安時代における遷却祟神祭の祝詞にもみいだされるように、『紀』本文と同じ派遣順・同じ派遣神として宮廷の祝詞に定着している。それは『出雲国風土記』や「神賀詞」の神話伝承ときわめて対照的である。

『出雲国風土記』に「大神」として信奉されているのは佐太大神・野城大神・熊野大神と、「所造天下大神命」（「所造天下大穴持命」・「所造天下大神大穴持命」とも書く）とであった。この「四大神」はいずれも出雲の国内のそれぞれの祭祀圏にあって重きをなした「大神」だが、とりわけその存在が、『出雲国風土記』にくりかえし強調されているのは、「所造天下大神命」（十四例）、「所造天下大神大穴持命」（六例）、「所造天下大穴持命」（一例）であった。大穴持命すなわち大己貴神（大国主神）が、「所造天下」の「大神」として力説されるのである。

ここに「天下」と記すことをみのがせない。前にも述べたように『日本書紀』でも三貴子分治の伝承には（第六の「一書」）、素戔嗚尊は「天下を治《しら》すべし」とあり、また「神賀詞」にも「天下大八嶋国」と記す。こうした「天下」の意識は、出雲の神話に濃厚であったといえよう。埼玉県行田市の稲荷山古墳出土の鉄剣銘文に「治天下」とあり、熊本県菊水町の江田船山古墳出土の大刀銘文に「□治□天下」、船王後墓誌銘文などに「治天下」（「大宝令」で「御宇」と表記されるようになる、稲荷山古墳出土の辛亥銘鉄剣についての私見は「古代史と辛亥銘鉄剣」『古代の日本と東アジア』所収小学館で詳論した）とある、「天下」の思想の出雲版とみなしてよい。

なぜに「所造天下」の「大神」としての神話を、出雲の神話が語りつぎえたのか。「国つくりましし大穴持命」を強くことあげする、「神賀詞」の思想ともそれは関連する。『出雲国風土記』では国ゆずりする大穴持命は、「我が作りまして、うしはく国は、皇孫命《すめみまのみこと》平世《やすくに》と知らせと依さし奉り」としながらも、「ただ、八雲立つ出雲国は、我が静まり坐《ま》さむ国と、青垣山廻《めぐ》らし賜ひて、玉とめで直し賜ひて守りまさむ」と宣言している。

そこには『記』・『紀』神話の場合のように、ひたすら屈伏する姿勢とはことなったおもむきがある。

ここで想起するのは『古事記』の神話に、国ゆずりをする大国主神がその見返りの条件として、「ただ僕《あ》が住所《すみか》をば、天つ神の御子の天津《あまつ》日《ひ》継《つぎ》知らしめすとだる天の御巣《みす》なして、底津石根《そこついわね》に宮柱ふとしり、高天原に氷木《ひぎ》たかしりて治め賜はば、僕は百《もも》足《た》らず八十坰《くま》手《で》に隠りて侍《さもら》ひなむ」と告げるところである。

このことは多少表現はちがうけれども、『日本書紀』第二の「一書」にも記載されている。「汝が住むべき天《あまの》日《ひ》隅《すみ》宮《のみや》は、今つくりまつらむこと、すなはち千尋《ちひろ》の栲縄《たくなわ》を以て、結《ゆ》ひて百八《ももや》十《そ》紐《むすび》にせむ。その宮を造る制《のり》は、柱は高く太《ふと》し。板は広く厚くせむ。また田つくらむ。また汝がかよひて海に遊ぶ具《そなえ》のためには、高橋・浮橋及び天鳥船、またつくりまつらむ。また天安河《あめのやすかわ》に、亦《また》打橋造らむ。また百《もも》八《や》十《そ》縫《ぬひ》の白楯つくらむ」という国ゆずりの条件が、高皇産霊尊から大己貴神（大国主神）に提示されるのである。

これらの伝えは、いわゆる出雲大社の大社造の由来を物語るものとする説が多いけれども、その当否はともかく、出雲の「大神」の鎮《しず》まるその住いが、国ゆずりの条件になっていることにかわりはない。

天禄元年（九七〇）の日付のある、源為憲《みなもとのためのり》の著わした『口遊《くちずさみ》』に「雲《うん》太《た》・和《わ》二《に》・京《きょう》三《さん》」とあるように、その当時もっとも高いとされた建造物が出雲大社であり、第二が大和の東大寺とされている。高さ十五丈あったという東大寺大仏殿よりも高いとみなされて、人口に膾炙《かいしゃ》していた。その大社造が、日本でもっとも古い神社建築のひとつであったことはたしかであった。

伊勢の神明造が穀倉型であり、摂津の住吉大社の住吉造が祭場型であったのにたいして、出雲の大社造が宮殿型であるとする指摘（川添登『「木の文明」の成立』(下) ＮＨＫブックス）は軽視できない。そのたたずまいは「所造天下大神」の宮殿でもあった。

天下の背景　このような「所造天下大神」を中心とする、『出雲国風土記』独自の神話伝承をなぜ保有することができたのであろうか。そこには青銅器文化や鉄文化にうかがわれる先進性、あるいは古墳文化にみいだされる特異な地域性などにとどまらず、北ツ海文化圏における出雲の伝統も想定しておく必要がある。

それは出雲の政治勢力とその文化が、たんに出雲の地域ばかりでなく、丹波《たんば》・山背《やましろ》（山城）・播磨《はりま》などのほか、北陸や北九州の地域とのつながりもまた濃厚であったからである（丹波の一の宮出雲神社や山背国出雲郷、あるいは『播磨国風土記』の大汝命＝大国主命や出雲人の来住の伝承などにもうかがわれる）。

たとえば『出雲国風土記』の神門《かんど》郡の伝承には、「古志《こし》（越）の国人ら到り来て堤をなす」とか、同郡の狭結《さゆう》駅の条に「古志の国の佐与布《さよふ》といふ人来り居《す》めり」とかと記し、また「所天下」の大穴持命が「越《こし》の八口《やくち》を平らげ」たという伝承を意宇郡母里郷《おうもり》・同郡拝志郷《はやし》に述べるにとどまらず、有名な八束水臣津野命《やつかみずおみづののみこと》の国引き詞章に「高志の都々《つつ》の三埼《みさき》」（石川県能登の珠洲の岬）からの国引きがみえるなど、『出雲国風土記』においても、出雲と越（高志）のかかわりを物語る伝承がかなりある。じっさいに『延喜式』に所載する式内社をみても、能登には羽咋《はくい》郡の大穴持神像石《みかたいし》神社、能登郡の宿那彦神《ひこのかみ》（少名彦命）像石神社などが鎮座する。

弥生時代後期の越の地域の土器には山陰系のものがあり、石川県や福井県などの玉作りの技術が出雲へ波及したとみなしうる遺跡の状況もある。そして四隅突出墳にみいだされる文化にも、出雲から越へというひろがりを推測させる要素も濃厚である。『日本書紀』の垂仁《すいにん》天皇二年是歳の条に記述する意富加羅国《おおからこく》（大伽耶国）の王子とする都怒我阿羅斯等《つぬがあらしと》が、「北ツ海より廻りて、出雲国を経て此間《ここ》（越の国の笥飯《けひ》の海＝敦賀の気比のあたり）に至れり」とする伝えも、出雲⟷越の海上のルートを示唆する。

出雲が筑紫と深い脈絡を保有していたことは、古文献の伝承にも反映されている。『日本書紀』の崇神《すじん》天皇六十年の条には、出雲振根《ふるね》と飯入根《いいいりね》の兄弟の争いの伝承がある。その争いは兄の振根が筑紫におもむいていた留守に、弟の飯入根が出雲の神宝を「倭」（大和）の「朝廷」に貢上したことを発端とする。その争いに介入するのが、吉備の吉備津彦であったという説話も軽視できないが（出雲と吉備のつながりにも、たとえば西谷3号墳からは吉備系の特殊器台が出土したり、氏族や信仰のまじりなどにも注目すべきものがある）、この説話で重視すべきことは、出雲の首長層が筑紫との交渉をもっていたとする点である。

『古事記』の景行天皇の条に記す倭建命《やまとたけるのみこと》（日本武尊）の伝承では、倭建命は筑紫から出雲へ向かって、出雲建を征討する（この説話についての私見は『日本武尊』吉川弘文館で詳説した）。『古事記』では筑紫から出雲への王族将軍の征討コースを特筆するのである。そして、たとえば『古事記』の神統譜では、大国主神が宗像三女神の代表的な女神である多紀理毘売命《たきりひめのみこと》を娶《めと》るというような、筑紫の有力な女神との婚姻伝承すらを記載する。

現実に筑紫との信仰的つながりは深く、出雲大社の本殿は日本海をのぞむ西向きで、本殿のすぐそばにいまも筑紫社が鎮座する。荒神谷神庭遺跡出土の銅鉾が北九州系であり、弥生文化のみならず、古墳文化にあっても、北九州とのかかわりはみのがせない。

葦原の中つ国の象徴として、出雲がなにゆえに登場するのか、『出雲国風土記』がなぜ、「所造天下大神」をくりかえし強調しえたのか。律令制下の出雲国以前の出雲の勢力圏を視野に入れてこそ、その真相に迫りうるのではないか。

いわゆる「神代史」の構成としては矛盾する、出雲を舞台としての国ゆずりを完了した天つ神が、出雲への天孫降臨ではなく、なぜ筑紫への天孫降臨を命ずることになるのか、そのあたりの『記』・『紀』の神話の謎をときあかす鍵のひとつが、こうした出雲と筑紫との史脈のなかにもひそむのではないか。

(2)　筑紫の神話

天孫降臨　天降る神の神話としては、『記』・『紀』神話に代表される、天孫瓊瓊芸命《ににぎのみこと》（瓊瓊杵尊《ににぎのみこと》）の筑紫の高千穂への降臨がもっとも有名である。しかし天降る神の伝承は、そのほかにも古代の各地域にあった。それは『出雲国風土記』の出雲郡建部《たけるべ》郷の条の宇夜都弁命《うやつべのみこと》の天降り伝承とか、飯石《いいし》郡飯石郷の伊毗志都幣命《いびしつべのみこと》の天降り伝承とか、あるいは『常陸国風土記』の香島郡の条に記す、「高天原より降り来し大神」（香島の天の大神）の伝承などをみてもわかる。

瓊瓊杵尊の天降り伝承においても、『記』・『紀』の神話がそのすべてではない。たとえば『日向国風土記』逸文では、『記』・『紀』神話のそれとはことなる、土着の大鉏《おおくわ》と小鉏《おくわ》の兄弟が、瓊瓊杵尊に「御手もちて、稲千穂を抜きて籾《もみ》となして、四方《よも》になげ散らしたまはば、必ずあかりなむ」と進言するような独自の伝承を記している。

いわゆる天孫瓊瓊芸命の降臨のみで、日本神話の天降り神話を論じ去るわけにはいかない。しかし『記』・『紀』神話のそれが、あまりにも知られているので、まずその神話の内実をかえりみることにしよう。

『古事記』によれば、天照大御神と高木神が、天忍穂命《あめのおしほのみこと》に、葦原の中国《なかつくに》の「平」《ことむけ》（平定）を命じたが、天忍穂命が支度《したく》をしているあいだに、日子番能邇邇芸命《ひこほのににぎのみこと》が生まれたので、「この子を降すべし」と進言し、結局は、邇邇芸命に「此の豊葦原水穂国《とよあしはらのみずほのくに》は、汝《いまし》知らさむ国ぞと言依《ことよ》さし賜ふ、故《かれ》、命《みこと》のまにまに天降るべし」ということになる。

そして「天児屋命《あめのこやねのみこと》、布刀玉命《ふとだまのみこと》、天宇受売命《あめのうずめのみこと》、伊斯許理度売命《いしこりどめのみこと》、玉祖命《たまのおやのみこと》、あはせて五伴緒《いつとものお》」の神が、天降る邇邇芸命に随行して降る。しかも『古事記』では八尺《やさか》の勾璁《まがたま》、鏡、草薙剣《くさなぎのつるぎ》、さらに思金神《おもいかねのかみ》、手力男神《たぢからおのかみ》、天石門別神《あめのいわとわけのかみ》が副《そ》えられて、「此《これ》の鏡は、専《もは》ら我が御魂《みたま》として、吾が前を拝《いつ》くが如《ごと》、いつきまつれ、次に思金神は、前の事をとり持ちて、政《まつりごと》せよ」と命ずるのである。

『日本書紀』ではどのように叙述されているのか。その内容にはかなりのひらきがあるので、これを『古事記』の文と比較することにしよう。

(イ)　『日本書紀』の本文では

時《とき》に、高皇産靈尊《たかみむすひのみこと》、眞床追衾《まとこおふふすま》を以て、皇孫天津彦彦火瓊瓊杵尊《すめみまあまつひこひこほのににぎのみこと》に覆《おほ》ひて、降《あまくだ》りまさしむ。皇孫、乃《すなは》ち天磐座《あまのいはくら》天磐座、此ば阿麻能以簸矩羅《あまのいはくら》と云ふ。を離《おしはな》ち、且《また》天八重雲《あめのやへたなぐも》を排分《おしわ》けて、稜威《いつ》の道別《ちわき》に道別《ちわ》きて、日向《ひむか》の襲《そ》の高千穂峯《たかちほのたけ》に天降《あまくだ》ります。既《すで》にして皇孫の遊行《いでま》す状《かたち》は、槵日《くしひ》の二上《ふたがみ》の天浮橋《あまのうきはし》より、浮渚在平處《うきじまりたひら》に立《た》たして、立於浮渚在平處、此をば羽企爾磨梨陀毗邏而陀陀志《うきじまりたひらにたたし》と云ふ。膂宍《そしし》の空國《むなくに》を、頓丘《ひたを》から國覓《くにま》ぎ行去《とほ》りて、頓丘、此をば毗陀烏《ひたを》と云ふ。覓國、此をば矩貳磨儀《くにまぎ》と云ふ。行去、此をば騰褒屢《とほる》と云ふ。吾田《あた》の長《なが》屋《や》の笠狭碕《かささのみさき》に到ります。

となっており、天降りを命ずる主宰神は高皇産霊尊のみであり、『古事記』にはみえない「真床追衾を以て」天降ることになる。本文にはいわゆる三種の神器（勾玉・鏡・剱）や鏡の神勅、あるいは「五伴緒」の随伴神伝承も記述されていない。

(ロ)　第一の「一書」の伝えもかなりことなっている。

時に天照大神、勅《みことのり》して、曰《のたま》はく、「若《も》し然《しか》らば、方《まさ》に吾が児を降《あまくだ》しまつらむ」とのたまふ。且將《まさに》降《あまくだ》しまさむとする間《ころ》に、皇孫《すめみま》、已に生《あ》れたまひぬ。號《みな》を天津彦彦火瓊瓊杵尊《あまつひこひこほのににぎのみこと》と曰《まう》す。時に奏《まう》すこと有《あ》りて曰《のたま》はく、「此の皇孫を以て代《か》へて降《くだ》さむと欲《おも》ふ」とのたまふ。故、天照大神、乃ち天津彦彦火瓊瓊杵尊に、八坂瓊《やさかに》の曲玉《まがたま》及び八咫鏡《やたのかがみ》・草薙劒《くさなぎのつるぎ》、三種《みくさ》の寶物《たから》を賜《たま》ふ。又、中臣《なかとみ》の上祖《とほつおや》天兒屋命《あめのこやねのみこと》・忌部《いみべ》の上祖太玉命《とほつおやふとたまのみこと》・猨女《さるめ》の上祖天鈿女命《あまのうずめのみこと》・鏡作《かがみつくり》り上祖石凝姥命《いしこりどめのみこと》玉作《たますり》の上祖玉屋屋命《たまのやのみこと》、凡《すべ》て五部《いつとものを》の神《かみたち》を以て、配《そ》へて侍《はべ》らしむ。因《よ》りて、皇孫に勅《みことのり》して曰《のたま》はく、「葦原の千五百秋《ちいほあき》の瑞穂《みつほ》の國は、是《これ》、吾が子孫《うみのこ》の王《きみ》たるべき地《くに》なり。爾皇孫《いましすめみま》、就《い》でまして治《しら》せ。行矣《さきくませ》。寶祚《あまのひつぎ》の隆《さか》えまさむこと、當《まさ》に天壌《あめつち》と窮《きはま》り無《な》けむ」とのたまふ。

天降りを命ずる神は、天照大神のみであり、「三種の宝物」の授与と五部神の随伴、加うるにいわゆる「天壌無窮」の神勅が告げられたことを記述する。

(ハ)　第二の「一書」ではどうか。

時《とき》に高皇彦彦尊《たかみむすひのみこと》、大物主神《おほものぬしのかみ》に勅《みことのり》すらく、「汝《いまし》若《も》し國神《くにつかみ》を以《も》て妻《つま》とせば、吾《われ》猶《なほ》汝を疏《うと》き心《こころ》有《あ》りと謂《おも》はむ。故《かれ》、今吾《いまわ》が女《むすめ》三穂津姫《みほつひめ》を以て、汝に配《あは》せて妻とせむ。八十萬神《やそよろづのかみたち》を領《ひき》いて、永《ひたぶる》に皇孫《すめみま》の爲《ため》に護《まも》り奉《まつ》れ」とのたまひて、乃《すなは》ち還《かへ》り降《くだ》らしむ。卽《すなは》ち紀國《きのくに》の忌部《いみべ》の遠祖《とほつおや》手置帆負神《たおきほおひのかみ》を以て、定《さだ》めて作笠者《かさぬひ》とす。彦狹知神《ひこさちのかみ》を作盾者《たてぬひ》とす。天目一箇神《あめまひとつのかみ》を作金者《かなだくみ》とす。天日鷲神《あまのひわしのかみ》を作木綿者《ゆふつくり》とす。櫛明玉神《くしあかるたまのかみ》を作玉者《たますり》とす。乃ち太玉命《ふとたまのみこと》をして、弱肩《よわかひな》に太手繦《ふとたすき》を被《とりか》けて、御手代《みてしろ》にして、此《こ》の神《かみ》を祭《まつ》らしむるは、始《はじ》めて此《これ》より起《おこ》れり。且天兒屋命《またあまのこやねのみこと》は、神事《かむごと》を主《つかさど》る宗源者《もと》なり。故、太占《ふとまに》の卜事《うらごと》を以て、仕《つか》へ奉らしむ。高皇産靈尊、因《よ》りて勅《みことのり》して曰《のたま》はく、「吾は天津神籬《あまつひもろき》及《およ》び天津磐境《あまついはさか》を起し樹《た》てて、當《まさ》に吾孫《すめみま》の爲《ため》に齋《いは》ひ奉《まつ》らむ。汝《いまし》、天兒屋命・太玉命は、天津神籬を持《たも》ちて、葦《あし》原中國《はらのなかつくに》に降《くだ》りて、亦吾孫《またすめみま》の爲に齋ひ奉れ」とのたまふ。乃ち二《ふたはしら》の神を使《つかは》して、天忍穂耳尊《あまのおしほみみのみこと》に陪從《そ》へて降《あまくだ》す。

是《こ》の時《とき》に、天照大神《あまてらすおほみかみ》、手《みて》に寶鏡《たからのかがみ》を持《も》ちたまひて、天忍穂耳尊に授《さづ》けて、祝《ほ》きて曰《のたま》はく、「吾《わ》が兒《こ》、此の寶鏡を視《み》まさむこと、當に吾を視るがごとくすべし。與《とも》に床《ゆか》を同《おなじ》くし殿《おほとの》を共《ひとつ》にして、齋鏡《いはひのかがみ》とすべし」とのたまふ。復《また》天兒屋命・太玉命に勅《みことのり》すらく、「惟爾二《これいましふたはしら》の神、亦同《とも》に殿《おほとの》の内《うち》に侍《さぶら》ひて、善《よ》く防護《ほそきまもること》を爲《な》せ」とのたまふ。又《また》勅して曰《のたま》はく、「吾が高天原《たかまのはら》に所御《きこしめ》す齋庭《ゆには》の穂《いなのほ》を以て、亦吾が兒《みこ》に御《まか》せまつるべし」とのたまふ。則ち高皇産靈尊の女《むすめ》、號《みな》は萬幡姫《よろづはたひめ》を以て、天忍穂耳尊に配《あは》せて妃《みめ》として降《あまくだ》しまつらしめたまふ。故、時に虚天《おほぞら》に居《ま》しまして生める兒《みこ》を、天津《あまつ》彦火瓊瓊杵尊《ひこほのににぎのみこと》と號《まう》す。因《よ》りて此の皇孫《すめみま》を以て、親《かぞ》に代《か》へて降《あまくだ》しまつらむと欲《おもほ》す。故、天兒屋命・太玉命、及び諸部《もろとものを》の神等《かみたち》を以て、悉皆《ことごとく》に相授《さづ》く。且《また》服御之物《みそつもの》、一《もはら》に前《さき》に依《よ》りて授く。然《しか》して後《のち》に、天忍穂耳尊、天《あま》に復還《またかへ》りたまふ。故、天津彦火瓊瓊杵尊《あまつひこほのににぎのみこと》、日向《ひむか》の槵日《くしひ》の高千穂《たかちほ》の峯《たけ》に降到《あまくだ》りまして、膂宍《そしし》の胸副國《むなそふくに》を、頓丘《ひたを》から國覓《くにま》ぎ行去《とほ》りて、浮渚在平地《うきじまりたひら》に立《た》たして、乃《すなは》ち國主事勝國勝長《くにのぬしことかつくにかつなが》狭《さ》を召《め》して訪《と》ひたまふ。對《こた》へて曰《まう》さく、「是《ここ》に國有《あ》り、取捨勅《ともかくもおほみこと》の随《まにま》に」とまうす。

この「一書」の記載では、他書にはみえない大物主神への神勅や「作笠者」・「作盾者」・「作金者」・「作木綿者」・「作玉者」などの伝承が記されており、また「天津神籬・天津磐境」や「宝鏡」の神勅、さらに天児屋命・太玉命への「勅」や「斎庭の穂」の神勅などがみえている。そして「諸部の神等」の随行を述べるのである。

(二)　第四の「一書」の記述はどのようなものか。

一書に曰はく、高皇彦靈尊《たかみむすひのみこと》、眞床覆衾《まとこおふすま》を以て、天津彦國光彦火瓊瓊杵尊《あまつひこくにてるひこほのににぎのみこと》に裹《き》せまつりて、則ち天《あまの》磐戸《いはと》を引《ひ》き開《あ》け、天八重雲《あめのやへたなぐも》を排分《おしわ》けて、降《あまくだ》し奉《まつ》る。時に、大伴連《おほとものむらじ》の遠祖《とほつおや》天忍日命《あまのおしひのみこと》、來目部《くめべ》の遠祖天槵津大來目《あめくしつのおほくめ》を帥《ひき》ゐて、背《そびら》には天磐靫《あまのいはゆき》を負《お》ひ、臂《ただむき》には稜威《いつ》の高鞆《たかとも》を著《は》き、手《て》には天梔弓《あまのはじゆみ》・天《あまの》羽羽矢《ははや》を捉《と》り、八目鳴鏑《やつめのかぶら》を副持《とりそ》へ、又頭槌劒《かぶつちのつるぎ》を帶《は》きて、天孫《あめみま》の前《みさき》に立《た》ちて、遊行《ゆ》き降來《くだ》りて、日向《ひむか》の襲《そ》の高千穂《たかちほ》の槵日《くしひ》の二上峯《ふたがみのたけ》の天浮橋《あまのうきはし》に到《いた》りて、浮渚在之平地《うきじまりたひら》に立たして、膂宍《そしし》の空國《むなくに》を、頓丘《ひたを》から國覓《くにま》ぎ行去《とほ》りて、吾田《あた》の長屋《ながや》の笠狭《かささ》の御碕《みさき》に到ります。

ここでは「真床覆衾」が登場し、大伴連の遠祖とする天忍日命が、来目部の遠祖とする天槵津大来目を統率して天降る伝承を載せている。

(ホ) 第六の「一書」はどのように伝えるのか。

是《こ》の時に、高皇産靈尊、乃ち眞床覆衾《まとこおふすま》を用《も》て、皇孫天津彦根火瓊瓊杵根尊《すめみまあまつひこねほのににぎねのみこと》に裹《き》せまつりて、天八《あめのや》重雲《へたなぐも》を排披《おしわ》けて、降《あまくだ》し奉《まつ》らしむ。故、此《こ》の神《かみ》を稱《まう》して、天國饒石彦火瓊瓊杵尊《あめくににぎしひこほのににぎのみこと》と曰《まう》す。時に、降到《あまくだ》りまし處《ところ》をば、呼《い》ひて日向《ひむか》の襲《そ》の高千穂《たかちほ》の添山峯《そほりのやまのたけ》と曰《い》ふ。

やはり「真床覆衾」の伝承を記すが、随伴神などやいわゆる神勅などには、まったく言及していない。

異伝の諸相　ひとくちに『記』・『紀』神話とはいっても、いわゆる天孫降臨の詞章にかんする関連部分を列挙しただけでも、このようにくいちがっている。『古事記』と『日本書紀』とのあいだだけではない。『日本書紀』においてすら、本文と他の「一書」のあいだ、各「一書」のそれぞれにおいて、ことなる伝えを書きとどめているのである。

前にも述べたように、第一に命令神がちがっている。天照大神のみとするもの（第一の「一書」）、高皇産霊尊のみとするもの（第四と第六の「一書」）、天照大（御）神と高皇産霊尊（高木神）とするもの（『古事記』と第二の「一書」）などというようにちがっている。そればかりではない。随伴神伝承を記さないもの（『日本書紀』本文、第六の「一書」）、随伴神の伝えはあっても、五部神

（「五伴緒」）を記しながらも（『古事記』、第一の「一書」）、それにともなう内容がことなり、随伴神のなかみに相違があるもの（第二の「一書」、第四の「一書」）などというようなひらきがある。

五部神（「五伴緒」）の実態も重要である。中臣氏の「上祖」（「祖」）とする天児屋命、忌部《いんべ》氏の「上祖」とする太玉（布刀玉）命、猿女氏の「上祖」とする天鈿女《あめのうずめ》（天宇受売）命《のみこと》、鏡作関係の「上祖」とする石凝姥《いしこりどめ》（伊斯許理度売）命《のみこと》、玉作関係の「上祖」とする玉屋（玉祖）命、というぐあいに、いずれも、祭祀とつながりの深い神々で五部神が占められているのが注目される。

そしてこれ以外でみのがせないのは、『古事記』では軍事関係の大伴氏の祖とする天忍日命《あめのおしひのみこと》と、久米（来目）氏の祖とする天津久米命がいわば対等にならんで天降るのにたいして、『日本書紀』の第四の「一書」では、天忍日命が来目部の「遠祖」とする天槵津大来目《あめくしつのおほくめ》を統率して天降るという上下の関係で記されている点である。かつて考察したことがあるように（『日本古代国家論究』塙書房）、大伴氏の祖と久米氏の祖を上下の間柄として描く『日本書紀』の伝承のほうがより新しい段階の伝えといえよう。

問題は、いわゆる神器と神勅の伝承の新旧をめぐってである。降臨する神や人物が、王権を象徴するレガリア（玉璽）を保有する神話は世界各地にある。『記』・『紀』神話にかぎってみても、たとえば両書の神武天皇（カムヤマトイハレヒコ）の条にみえる邇芸速日命《にぎはやひのみこと》（饒速日命）が天降りのおりに「天津瑞《あまつしるし》」（『紀』では「天表」と書く）をたずさえいたことを述べ、『日本書紀』はより具体的に「天の羽羽《はは》矢《や》一隻《ひとは》、歩靫《かちゆぎ》」と記す（『先代旧事本紀』になると、そのレガリアは増加して「天璽《あまつしるし》瑞宝十種」となる。第五章⑵参照）。

したがって『古事記』が「八尺《やさか》の勾璁《まがたま》、鏡、草薙剱《くさなぎのつるぎ》」、『日本書紀』の第一の「一書」が「八坂瓊《やさかに》の曲玉《まがたま》及《また》八咫鏡《やたのかがみ》、草薙剱」の「三種の宝物」（いわゆる三種の神器）を特筆するのも不自然なことではない。

ところが古代の朝廷の神器は、剣・鏡の二種とするものが多く、いわゆる「三種」の伝承はまれである。大宝令や養老令の「神璽」も「鏡剣」の二種であり、『日本書紀』に記載する持統天皇四年（六九〇）正月の即位のおりも、前述の二種であった。この「二種」の伝承は『古語拾遺』でも同じである。

『日本書紀』の允恭《いんぎょう》天皇の即位伝承では「天皇の璽符」とのみ記すので、その実体はさだかではないが、継体天皇の即位伝承でも、やはり「鏡剣璽符」と二種になっている。『古事記』や『日本書紀』の第一の「一書」が、草薙（那芸）剱と書いて、伝承の上ではより新しい剱名を用いており（『紀』に「本《もと》の名は天叢雲剱《あめのむらくものつるぎ》」ある）、またその詔では『古事記』や『日本書紀』の第二の「一書」の場合には、宝鏡のみをとりあげて他にはふれていない。

なぜ『古事記』や『日本書紀』の第一の「一書」が、「二種」の神器とせずに玉を加えた「三種」を記しているのか。かつて「三種」であったものが、のちに「二種」になったとする説もあるが、それにしても古文献において「三種」であったことを明記する古い例が、『紀』や第一の「一書」に限られていることは軽視できない。もっとも「三種」の伝承は平安時代の記録にはみえており、またそれ以外に百済《くだら》伝承の「大刀契《たいとけい》」が桓武天皇のころから南北朝のころまで、神器のなかに加えられていたことを（『古代伝承史の研究』塙書房などで詳論した）付記する。

いわゆる「天壌無窮」の神勅は、『日本書紀』の第一の「一書」だけが記述する。ところが、この神勅の表現には、すでに国学の先達であった賀茂真淵《かものまぶち》や本居宣長《もとおりのりなが》も指摘しているように、漢文による潤色がある。家永三郎氏が論究されたとおり、『書紀』原文の「寶祚之隆、當與二天壤一無レ窮者矣」は、隋の開皇六年（五八六）の竜蔵寺碑銘にみえる「世使二皇隋寶祚與レ天長而地久一」や唐の貞観四年（六三〇）の昭仁寺碑銘に記す「與二天壤一而無レ窮」などとも類似する（日本古典文学大系『日本書紀』㊤補注　岩波書店　なども参照されたい）。もと和文体の「神勅」が、編纂者らの手によって、漢文体として潤色された可能性が濃厚である。

このように、『記』・『紀』の本文と「一書」というように、天孫降臨の神話じたいに新旧の異相をみいだすことができる。

高千穂の峰　この天孫降臨の神話のなかで、注目されてきた伝承に、『日本書紀』本文および第四・第六の「一書」に述べる「真床覆衾《まどこおふすま》」をもって、瓊瓊杵尊《ににぎのみこと》に「覆ひて」（裹《き》せまして）天降る「真床覆衾」がある。

この降臨伝承を即位儀礼の反映とみるか、即位後の皇権継承の祭儀としての大嘗祭をその背景とみなすかで、研究者の見解はわかれているが、後にも述べる海幸彦・山幸彦の神話のなかで、『日本書紀』の第四の「一書」に彦火火出見尊《ひこほほでみのみこと》（山幸彦）が「真床覆衾の上に寛坐《うちあぐみい》る、海神見て、乃《すなは》ち是《これ》天神の孫といふことを知りぬ」と記述する例にそくしていえば、玉座のたぐいとみなすことができる。

しかし、天孫降臨の詞章にうかがわれる『日本書紀』の本文や第四・第六の「一書」の表現は、「真床覆衾」をもって、「覆ひ」あるいは「裹せまして」となっており、また海幸彦・山幸彦神話にかんする第四の「一書」の後段の記載では「真床覆衾及び草《かや》を以《もち》て、その児を裹《つつ》みてなぎさに置きて」と述べられており、これらの場合の「真床覆衾」は、玉座的なものというよりは、覆いものとしてのフ（伏）スマ（裳）のたぐいと考えられる。

マトコのマは美称であり、トコは坐わったり寝たりする台であろう。とするならばオフスマとは、玉座的な台の上の蓐《しとね》・衾《ふすま》となる。すなわち『日本書紀』の用例では玉座的なものを意味して使っている場合と、その上の衾のほうに重点をおいて物語っている場合とがあることになる。私見ではこの天孫降臨詞章には基本的には即位の儀礼を背景とする神話的要素が強いと考えている。

邇邇芸命（瓊瓊杵尊）が天降る場所は、『記』・『紀』いずれの伝承においても、高千穂の峰とするのはそのすべてに共通している。しかし、その表記は微妙にくいちがっている。これを整理するとつぎのようになる。

(1)筑紫の日向の高千穂の久士布流多気《くしふるたけ》（『記』）
(2)日向の襲《そ》の高千穂峰《たかちほのたけ》（『紀』本文）
(3)筑紫の日向の高千穂の槵觸峰《くしふるのたけ》（第一の「一書」）
(4)日向の槵日《くしひ》の高千穂の峰（第二の「一書」）
(5)日向の襲《そ》の高千穂の槵日《くしひ》の二上峰《ふたかみ》（第四の「一書」）
(6)日向の襲の高千穂の添山峰《そほりのやま》（第六の「一書」）

(1)と(3)は、「筑紫の日向」と記し、(2)・(5)・(6)は「日向の襲」と述べる。そして(1)と(3)・(4)と(5)は、久士布流多気・槵觸峯・槵日と形容し、(6)はとくに添山峰と表記する。

このような差異は、なんでもないようだが、無視するわけにはいかない。そこには重要な降臨伝承のなぞが内包されているからである。

まず「筑紫の日向」の「日向」が、律令制下の「日向国」かどうか。筑紫七か国のなかの日向国の存在が確実に記録に現われるのは、『続日本紀』の大宝二年（七〇二）四月の条からである。律令制のもとにおける日向国のなりたちは比較的新しい。したがって、この「日向」をただちに日向国を意味するとする解釈には疑問が残る。このことは『記』・『紀』の国生み神話からも察知されよう。

『日本書紀』は筑紫洲《つくしのしま》を生むと物語るにとどまって、その筑紫洲の内容を書いてはいないが、『古事記』は筑紫島について、「此の島も亦《また》身一つにして面《おも》四つあり」とし、「面ごとに名あり」として筑紫国（のちの福岡県の地域）・豊《とよ》国・肥《ひ》国・熊曾《くまそ》国をあげる。つまり国生み神話のなかでも、「日向国」の存在についてはなんら語るところがない。「日向国」の誕生はやはり新しい。

つぎに「日向の襲」はどうか。この「襲」は熊曾（熊襲）の「襲」であり、律令制下の国郡制にそくしていえば大隅郡の贈於《そお》郡のあたりの「襲」に由来するといえよう。この地域の首長の氏族を「曾君《そのきみ》」と称したのはそのためである。ところで日向国の肝坏《きもつき》・贈於・大隅・始良《あいら》の四郡を分割してあらたに大隅国が設けられたのは、和銅六年（七一三）の四月のことであった（『続日本紀』）。いまもしこの「襲」を贈於郡あたりの「襲」とみなすなら、贈於の地域が日向国に含まれていた段階の「日向国の襲」ということになる。しかし日向国のなりたちが新しいとすれば、高千穂の峰の原像はかならずしも日向国のなかの高千穂であったと断定するわけにはいかない。

高千穂の峰にかんする伝承は、

(イ)宮崎県の高千穂町説、

(ロ)鹿児島県の霧島山説、

(ハ)大分県の祖母山説や、久住山説

など、後世さまざまに展開してきたが、本居宣長も「皇孫命《すめみまのみこと》天降りましし御跡は何《いづ》れならむ、さだめがたし」（『古事記伝』）としたように、にわかにはきめられない。

私がもっとも注目するのは（そのことはかつて『日本神話』岩波新書でも言及した）、天降りした邇邇芸命（瓊瓊杵尊）が「此地は韓国《からくに》に向ひ、笠沙《かささ》の御前《みさき》にまき通りて、朝日の直刺《たださ》す国、夕日の日照る国なり。故《かれ》、いと吉《よ》き地《ところ》」とことあげしている点である（『記』）。

用字こそことなっているが、「膂宍《そしし》の空国《からくに》を、頓丘《ひたお》から国覓《ま》ぎとほりて」（『紀』本文、第四の「一書」）とするのとかわりはない。この「空国」をウツボブネなどの「空《ウツ》」と解釈する説もあるが、その実体は「韓国」であり、『日本書紀』にみいだされる朝鮮蕃国視によって、「空国」と書き、しかもこれを形容するのに「膂宍の」と表現したのである。「膂宍」とは背中の骨のまわりの肉のことで、やせた不毛の地を意味しての形容であった。

宮崎県や鹿児島県では「韓国に向」かう地域とはなりえない。本来の高千穂峰の原伝承は、韓国に向かう北九州の地域であったとみるべきではないか。

そのように考えるのは、高千穂の峰を「久士布流《くしふる》」・「槵觸《くしふる》」などと書き、しかも添山《そほりのやま》峰とよんでいることとも関連する。『三国遺事』に引用する『駕洛国記《からこくき》』では、加羅《から》（伽耶《かや》）の始祖とする首露《しゅろ》の降臨の地を「亀旨峰《くしふる》」（慶尚南道金海に伝承地がある）と伝えるばかりでなく、『日本書紀』の第六の「一書」はその文にわざわざ「添山、此《これ》をば曾褒里能耶麻《そほりのやま》と云《い》ふ」と記す。

『古事記』・『日本書紀』に明記する「クシフル」は、明らかに古代の朝鮮語と関係があり、「ソホリ」のそれも、まちがいなく朝鮮語の「ソウル」・「ソフル」・「ソプル」に由来する。『三国史記』では百済王朝の最後の都であった泗沘《しひ》を「所夫里《そふり》」と書き、『日本書紀』に素戔嗚尊《すさのおのみこと》が五十《い》猛神《たけるのかみ》を率いて「新羅国」に降ったところを「曾尸茂利《そしもり》」とする。これを『日本書紀』の元慶（八七八年）講書のおりに「今の蘇之保留《そしほる》の処か」と解釈したのも（『釈日本紀』）参考になる。
百済の王都も、新羅の王都も、所夫里・徐伐（sopur）と称されたのである。新羅の始祖の降臨伝承において、『三国史記』も『三国遺事』も、その降臨した聖なる地を「徐伐」・「徐那伐」・「徐羅伐」・「徐耶伐」と書いているのも、けっして偶然ではない。

倭語・日本語のなりたちを、すべて朝鮮語で解釈するような見方に賛成できないが、いわゆる天孫降臨神話に、朝鮮の神話と共通する要素のあることは、だれもが認めざるをえないであろう。朝日の直刺す「日向」を、夕日の日照る「襲《そ》」（背）の対語とすれば、「日向の襲」という表現はそれなりの意味をもつことになろう。

隼人の伝承　『古事記』の上巻と『日本書紀』の巻第一と巻第二、すなわち「神代巻」の最後を飾る神話のなかで、もっとも有名なのが海幸彦と山幸彦の神話である。この伝承をめぐっては、これまでにもたびたび述べたことがあるので（『日本神話』岩波新書・『古代伝承史の研究』塙書房ほか）、ここではあらたな視角から、若干の問題を提起することにしよう。

海幸彦と山幸彦の神話は、『古事記』および『日本書紀』の本文、第一〜第四などの「一書」にみえており、それぞれに異同がある。ここでは、『古事記』の伝承のおよそを紹介することからはじめたい。

邇邇芸命《ににぎのみこと》が、大山津見神《おおやまつみ》の娘で、名は神阿多都比売《かんあたつひめ》（またの名は木花之佐久夜毘売《このはなのさくやひめ》）と結婚したいと申しでたが、比売はその諾否は父神がきめるだろうと答えた。そこで邇邇芸命は父神に人を遣わして申しこむと、父神は大いに喜び、姉の石長比売《いわながひめ》をそえてたてまつった。しかし石長比売はたいへん醜《みにく》かったので、姉を父神のもとへ送り返した。父神は大いに恥じて「石長比売をたてまつったのは、天つ神の命《いのち》は、石のように常に堅く不動にましませとの誓約《うけい》によるものであり、木花之佐久夜毘売をさしだしたのは、木の花の栄えるように栄えませとの誓約によるものであった。それなのに石長比売を返されたからは、天つ神の御子の命は、木の花のようにもろくはかないものになるだろう」と申したという。

そして「故、是を以《もち》て今に至るまで、天皇命《すめらみこと》等の御命《みいのち》長くまさざるなり」との説明の文を書き入れている。この神話にかんする伝えは、『紀』の第二の「一書」にもあって、「一に云はく」として、「顕見蒼生《うつしきあおいとぐさ》は、木の花のあまひに、しばらくはうつろひて衰へな打」とする磐長姫《いわながひめ》の呪詛《じゅそ》として描かれており、「此《これ》、世人のいのち、もろき縁《ことのもと》なり」と述べられている。

『古事記』がその完成時の「今」にかけて、「天皇命等の御命、長くまさざるなり」と記すのは、天智天皇の建皇子《たけるのみこ》が八歳でなくなり、草壁皇太子《くさかべ》が二十八歳、文武天皇が二十五歳で崩ずるなどの状況にかんがみての説明でもあろうか。天皇に召された女人のなかで醜い人が返されたとする説話はほかにもある（たとえば『記』・『紀』が垂仁《すいにん》天皇の代のできごととして伝える丹波の女人の伝承）。しかし、この神話の本源的な意味あいは、死の起源を語り伝えることにあって、『日本書紀』の「一書」の所伝のように、「世人」の死の起源とする伝えのほうがより原初の姿であろう。

というのも、セレベス島中央のポソ地域のアルフール族の神話（いわゆるバナナ＝タイプ）にみいだされる死の起源を語る伝えは、マレー半島・インドネシア・ニューギニアなどにもかなりひろく分布するからである。

本来の神話伝承が宮廷の神話化したために、『古事記』のような「天皇命等の御命」のゆかりの神話へと変貌したのであろう。

木花《このはな》之《の》佐《さ》久《く》夜《や》毘《ひ》売《め》が一宿《ひとよ》（一夜）で身ごもったので。邇邇芸命《ににぎのみこと》から国つ神の子ではないかとあやしまれ、土をもって塗りふさいだ産屋《うぶや》で、子を生まんとするときに火をつけて産屋を焼いたという。もし天つ神の子であればその子が無事であろう、と申して生んだ子が、火照命《ほでりのみこと》であり、つぎが火須勢《ほすせ》理命《りのみこと》あり、そして火遠理命《ほをりのみこと》が誕生するのである。

出産のおりに火をたく習俗は、東南アジアなどにも分布しており、鹿児島県から奄美大島にもそうした習俗があった（たとえば『南島雑話』参照）。それは琉球にかんする『隋書』の記述に、「産後、火をもってみずから炙して汗を出さしむれば五日にして平復」とあるのも参考になろう。類似の伝承としては『古事記』の垂仁天皇の条の本牟智和気《ほむちわけ》が火のなかに誕生する説話などがある。この神話にかかわりのある神話は、『日本書紀』の本文、第二・第三・第六・第七・第八の「一書」などにもみえている。

問題は前述の三人の子神（三子）のありようにある。『記』は火照命を海佐知毘古《うみさちひこ》（海幸彦）として、「隼人阿多君《はやとのあたのきみ》の祖」とする。そして火遠理命を山佐知毘古《やまさちひこ》（山幸彦）として、またの名は天津高日子《あまつたかひこ》穂穂手見命《ほほでみのみこと》とする。この火遠理命の子が鵜葺草葺不合命《うがやふきあえずのみこと》であり、その子が若御毛沼命《わかみけぬのみこと》（神倭《かんやまと》伊《い》波《れ》礼《れ》毘《ひ》古命《このみこと》＝神武天皇）という神統譜を形づくる。

『日本書紀』ではどうなっているか。本文では火照命を火闌降命《ほのすそりのみこと》と書いて、「隼人等が始祖」とし、つぎに火遠理命を彦火火出見尊《ひこほほでみのみこと》として、さらに火明命（「尾張連等の始祖」とする）が誕生したと述べる。出生の順序がことなっているばかりでなく、神名やその始祖伝承にもちがいがある（たとえば『記』が「隼人阿多君の祖」とこれを「阿多」に限定するのを、『紀』が「隼人等が始祖」と抽象的に表現する）。「一書」においても、『記』や『紀』本文とのあいだには差異があった。これを表示すると、およそ表のようになる。

	『記』	『紀』本文	第二の一書	第三の一書	第六の一書	第七の一書	第八の一書
1	火照命	火闌降命	火酢芹命	火明命	火酢芹命	火明命	火酢芹命
2	火須勢理命	彦火火出見尊	火明命	火進命（火酢芹命）	火折尊（彦火火出見尊）	火夜織命	彦火火出見尊
3	火遠理命（日子穂穂手見命）	火明命	彦火火出見尊	彦火火出見尊		彦火火出見尊	

この表をみてもわかるように、三子（第六・第八の「一書」は二子のみを記す）の出生順や神名に相違がある。しかし火遠理命＝火折尊を彦火火出見尊（日子穂穂手見命）とする伝承は共通しており、火遠理命を皇孫の直系とする神統意識は両書の伝承において基本的にかわりはない。したがって『日本書紀』とその「一書」のすべてが、とくにその神名表記に「命」を使わず、「尊」を用いるのである。

火明命の伝承は、『日本書紀』に多いが、『紀』の本文では、この神を「尾張連等の始祖」とし、この神を第三番目の誕生とする。これは『紀』の本文だけである。火が燃えあがり、さらに火が燃え進んで、やがて火勢が衰えるさまを神名化した状況からすれば、第一番目の出生とする異伝（「一書」）のほうが自然である。火明命を尾張連らの祖とするのは、『日本書紀』の天孫降臨詞章の第六の「一書」に、天忍穂根尊《あめのおしほねのみこと》（天忍穂耳尊）が高皇産霊尊の孫にあたるとする千千姫命《ちぢひめのみこと》とのあいだに「天火明命」を生んだと述べて、「天火明命の児の天香山は、是《これ》尾張連らが遠祖なり」とする伝承とも関連する。

『新撰姓氏録』では、尾張氏の本宗であった尾張宿禰とその支族の尾張連との系譜をわけて、大和国神別の尾張連の系譜では「尾張連、天火明命の子、天香山命の後なり」と記載する。また在京神別、山城国神別の尾張連の系譜でも「天香山命（天賀吾山命《あめのかごやまのみこと》）の後なり」と述べる。藤原京の在京の地名「小治《おはり》」のあたりが大和の尾張連の本拠であって、霊山である天香山の神との神統譜化は、大和居住の尾張氏によって具体化した可能性がある。『先代旧事本紀』（天孫本紀）ではこれとは別に、饒速日《にぎはやひの》尊《みこと》と天道日女命《ひめのみこと》とのあいだに生まれたのが、天香語山命とする伝えを記す。

火明命の本来の系譜伝承では、丹後一の宮籠《この》神社所蔵の「籠名神社祝部氏系図」（「海部氏系図」）が明記するように、海人集団の守護神あるいは祖先神の要素が強い。ところが『日本書紀』の別伝（「一書」）では前述のように、天火明命につながる天香山を、大和などの尾張連の遠祖として位置づけているのである。

ところで火照命（火闌降命・火酢芹命）を隼人（具体的には阿多君）の祖とする伝承の実相はいかなるものであったのか。隼人にかんする記載は、『古事記』の履中《りちゅう》天皇の条に「墨江中《すみのえのなか》つ王（仲皇子）に近く習《つか》ふる隼人」（『紀』の履中天皇即位前紀にもみえる）の説話があり、また『日本書紀』の清寧《せいねい》天皇四年八月の条の「蝦夷・隼人並《なら》びに内付」をはじめとして、内付などの記載がある。

しかし「隼人」の称は、南九州に居住した阿多人や大隅人たちがみずから名乗ったものでなかった。それは畿内の倭王権の側から名づけられたよび方であって、大宝令の注釈書ともいうべき『古記』（『令集解《りょうのしゅうげ》』所収、天平十年＝七三八ごろの執筆と考えられる）に、「隼人・毛人、本土にあれば之を夷人といふなり」とか、また古代法にいう「夷人雑類」を『古記』が「毛人、肥人、阿麻弥《あまみ》（奄美）人等の類」とする夷人視と無関係ではない。

「隼人」の語源については、「早人《はやひと》」説やハヤ（南風）人説、あるいは四神思想の南の朱雀《すじゃく》（鳥雀）

にちなむとする説など、さまざまな解釈がある。私などは『新唐書』の日本の条に「その東海の島の中に邪古《やこ》・波邪《はや》・多尼《たね》三小王あり」と記述する、邪古（屋久島）・多尼（種子島）とならぶ「波邪」の地名にゆかりがあって、「波邪」の人がその原義ではないかと考えているが、いずれにしても「隼人」という文字は、いわゆる「中央」からの夷人視にともなう用字であった。

『古事記』が火照命を海幸彦とし、この神を「隼人阿多君の祖」とする伝承は（『紀』本文では「隼人等の祖」、つぎの段の第二の「一書」では「苗裔《のち》、諸隼人」とする）、あらためて注目するにあたいする。『日本書紀』の本文が木花開耶姫《このはなのさくやひめ》の別名を神吾田津姫、第二の「一書」が神吾田鹿葦津《かしつ》姫、第五の「一書」が吾田鹿葦津姫、第六の「一書」が豊《とよ》吾田津姫とするように、あた（阿多＝吾田）をその神名におびた女神であった。

阿多人の居住区域は薩摩半島の地域、『和名類聚抄』にいう阿多郡のあたりであって、万之瀬《まのせ》川水系に勢力圏をもち、海洋性・交易にとんで、その下流域では農・牧・鵜飼《うかい》などをいとなんでいたと推定されている（中村明蔵『南九州古代ロマン』丸山学芸図書）。火照命（海幸彦）の原像は、阿多の人びとの信仰に生きた神であった。その神が邇邇芸命《ににぎのみこと》→穂穂手見命《ほほでみのみこと》→鵜葺草葺不合命《うがやふきあえずのみこと》→神武天皇という神統譜にくみこまれているのである。

そのことは、三子のなかの火遠理命＝火折尊（彦火火出見尊、山幸彦）の神名の二重性にもみいだされよう。彦火火出見尊という神名は、『日本書紀』の神代巻（下）（巻第二の第十一段）の第二の「一書」

にいわゆる神武天皇の別名として「神日本磐余《かんやまといわれ》彦火火出見尊」、第五の「一書」に「磐余火火出見尊」をあげ、さらに、『日本書紀』巻第三の冒頭に「神日本磐余彦天皇、諱《いみな》は彦火火出見」とするように、神武天皇の名にも明記されている。つまり原火遠理命の伝承に彦火火出見の伝承がオーバーラップして、神統譜・皇統譜形成のための潤色がほどこされているのである。その神名と伝承の二重性については、津田左右吉説をはじめとして、すでに指摘されているところである。

服属の芸能　やや詳しく阿多人らの神の原伝承をめぐる一端をかえりみてきたのはほかでもない。『記』・『紀』の有名な海幸彦・山幸彦の神話にも、後の宮廷神話化した、あるいは宮廷神話化するプロセスにおける、潤色や付加があることを見失ってはならないと思われるからである。

海幸彦と山幸彦の神話は、『記』および『紀』本文や「一書」でやはり差異があるが（『日本神話』岩波新書でも言及した）、そのおよそをかいつまんで紹介しておこう。

海幸彦は山幸彦の頼みによって釣針を貸す。しかし山幸彦は釣針をなくしてしまい、返却を迫られるが返すことができない。そこで自分の剣でたくさんの釣針をつくって弁償したが、海幸彦はうけとらない。

山幸彦は海の宮へ釣針を探しにでかけ、海神の娘と結ばれる。三年ののちに帰郷し、そのおりに海神から贈られたシオミツタマとシオヒルタマをもって、海幸彦を苦しめ、ついに海幸彦は山幸彦に服属する。

この神話は『古事記』のほか、『日本書紀』の本文、第一〜第四の「一書」などにも伝えられているが、神話の細部はやはりことなっている。たとえば海神が教えたという呪言《じゅごん》の内容もそれぞれにちがいがある。しかし、そのあらましは共通している。

釣針を失った男が、海中へおもむいて、帰郷してから釣針を貸した男に復讐するという伝承は、セレベス島ミナハッサなどにも伝えられており、パラオ島やニューブリテン島などにもある。しかし。『記』・『紀』の神話では、『古事記』が海幸彦の服属の言葉、「僕《あ》は今より以後《のち》、汝命の昼夜の守護人となりて仕へ奉らむ」に象徴されるように、そしてまた「故《かれ》、今に至るまで、その溺れし時の種々の態《わざ》、絶えず仕へ奉るなり」と特筆し、『日本書紀』の本文が「今より以後、吾（海幸彦）は汝の俳優《わざおぎ》の民たらむ」と誓約したとし、第二の「一書」が「もろもろの隼人たち、今に至るまで天皇の宮墻《みかき》の傍を離れずして、代々に吠《ほ》ゆる狗《いぬ》してつかへまつる者なり」と付記するように、阿多人や大隅人たちの在地の神話が、つまるところは皇権に服属し奉仕する由来を語る神話として結実させられている。

七世紀の後半のころ、具体的には天武朝のころには、大隅や阿多の隼人が朝廷で相撲をしたり、種々の楽を奏したり、さらに天武天皇の殯宮《もがりのみや》で誄《しのびごと》を奏したりしたことは、天武・持統朝の『日本書紀』の記載からも明らかである。「スモフ」（相撲）も、「スマヒ」（相舞）とつながりがあって、古代の神事芸能とかかわりをもつ。

近習や警護の任にあたった伝承は『記』・『紀』にみえるが、具体的な隼人の歌舞についての記述は

『記』・『紀』にはない。いわゆる朝廷への「朝貢」で、大隅・薩摩の隼人が「風俗歌舞を奏す」例を明記するのは、『続日本紀』の養老元年（七一七）の四月の条にみえるもの以降であり、その「風俗歌舞」は「土風歌舞」・「俗伎」などともよばれている。

隼人の朝貢が制度化されたのは、和銅二年（七〇九）の十月からである。そして隼人貢上の期間を短縮して六年とし、六年を限って交替することを定めたのは、霊亀二年（七一六）の五月からであった。前述の養老元年四月の大隅・薩摩の隼人の「風俗歌舞」は、六年交替による最初の「朝貢」のおりである。こうして恒例化したが、延暦二十年（八〇一）の六月には、大宰府からの隼人の「朝貢」はやめることとなり（『類聚国史』）、同二十四年の正月には「大替隼人」の風俗歌舞はついに廃止されることとなった（『日本後紀』）。

『日本書紀』の海幸彦・山幸彦の神話のなかで第四の「一書」に、隼人の舞の芸態をかなり具体的に描く「著犢鼻《たふき》（ふんどし）して、赭《そほに》（赤土）を以て掌《たなうら》に塗り、面に塗りて」といういでたち、あるいは「初め潮、足に漬《つ》く時には足占をす、膝に至る時には足をあぐ。股《もも》に至る時には走り廻る、腰に至る時には腰を捫《もち》ふ、腋《わき》に至る時には手を胸に置く、頸《くび》に至る時には手をあずて飄掌《たひろか》す」の隼人の舞。そして「今に至るまでに、かつて廃絶《やむこと》なし」（『記』では「溺れし時の種々の態《わざ》、絶えず仕へ奉るなり」と記す）とする隼人の舞を、従来の説の多くは、「朝貢」隼人の「風俗歌舞」的なものとみなしているが実体はそうではない（そのことは『古代伝承史の研究』第二篇I　塙書房で詳論した）。

まず第一に、養老元年の四月から明確化する隼人の「風俗歌舞」以前、すでに隼人の歌舞は政府の隼人司《はやとのつかさ》で行なわれており（大宝令に隼人司の職能がさだめられて、「隼人の検校及び名帳、歌舞教習、竹笠造作の事」を隼人正＝隼人司の長がつかさどっていた）、その歌舞の教習は畿内及び周辺に居住した隼人によってになわれていた。そして第二に、隼人の「朝貢」による「風俗歌舞」が停止されたのちも、朝廷の重要な祭儀での隼人の歌舞は奏されている。

このことは、『記』・『紀』における海幸彦・山幸彦神話の完成段階を考えるさいの有力な解明の鍵となろう。『日本書紀』に記す隼人の舞は、隼人司などのもとで編成された隼人の舞であった。本来は在地の阿多の人びとの海辺における神の「招《お》ぎわざ」であったものが。服属芸能化して隼人舞となり、阿多の居住者らが伝承していた神話も、それに対応して宮廷神話化したものであったことを物語る。

ここでいまひとつ注意すべきことがらがある。それは『日本書紀』の第二の「一書」に述べる「もろもろの隼人たち、今に至るまで天皇の宮墻《みかき》の傍を離れずして、代々吠《ほ》ゆる狗《いぬ》してつかへまつる者なり」とする吠声《はいせい》である。この吠声は、「朝貢」によってあらたに入京した今来《いまき》の隼人によってになわれるもので、隼人司での隼人の歌舞のにない手とはおもむきをことにしていた。ただし「朝貢」の廃止以後は、これもまた畿内および周辺に居住する隼人によって代行されている。

『延喜式』によれば「蕃客入朝」のおりは、「吠ゆる限りにあらず」とさだめられており、あたかも延暦十八年（七九九）の正月、渤海《ぼっかい》国使が参列しているさいに、四拝をやめて再拝とし、拍手をやめたのに（『日本後紀』）類似する。「吠声」も「これを蛮風」とみなしての遠慮であろう。

もともと「吠声」（『万葉集』では「夜声」）が、緋帛の肩巾をつけて、今来の隼人が発するものであったことは、邪悪をはらう呪能としての新鮮さが期待されたものと考えられる。

いわゆる隼人をめぐる神話伝承においても、在地の神話と、宮廷における服属芸能をともなった王権神話としてのそれとを混同するわけにはいかないのである。

第五章　渡来の神々

(1)　韓神の背景

降臨の異相　第四章の(2)筑紫の神話で、高千穂の峯へのいわゆる天孫降臨伝承が、朝鮮半島の神話と類似し、しかも朝鮮語においても共通する要素のあることを指摘したが、神話の比較とは、その類似性や共通性のみを抽出することにとどまるものではない。近ごろはやりの起源論では、とかく文物などのルーツを探求する作業が優先しがちだが、その起源とする地域からどのようなルートをたどって伝播し、そのルートの地域でどのように変容して伝来したのか、いってみればルーツ論にあわせてルート論もまた軽視できないはずである。

神話の比較においても類似性・共通性ばかりでなく、その差異性や異質性をもあわせて検討する必要があろう。

たしかに『記』・『紀』神話の高千穂降臨伝承には、一衣帯水《いちいたいすい》の朝鮮半島の神話と類似し共通するところがある。しかしながら決定的にちがう点がある。そのいくつかを列挙することにしよう。

まず第一に、『記』・『紀』の神話では、降臨する神の「ふるさと」ともいうべき高天原が詳しく叙述されている。ところが高句麗《こうくり》・百済《くだら》や新羅《しらぎ》および伽耶《かや》（伽羅《から》）の神話では「天」・「天上」の叙述はきわめて抽象的であって、具体性をもたない。

第二に高句麗や新羅・伽耶の神話は、卵生型であるが、日本の神話では卵生型の要素はほとんどない。高句麗の建国神話は、高句麗の長寿王の二年（四一四）に建てられたあの有名な好太王碑（広開土王碑）の第一段にみえており、始祖鄒牟《すうむ》王は「天帝の子にして、母は河伯の女郎（河の神の娘）なり、卵剖《さ》けて降生」と記して、卵生タイプであったことをはっきりと物語る。また『三国史記』や『三国遺事』に伝える新羅の始祖のひとりの赫居世《かつきよせい》は、紫の卵から誕生したと伝え、『三国遺事』に収める『駕洛国記《からこくき》』の首露降臨は、黄金の卵六つで、それらの卵のうち最初に生まれたのが始祖の首露で、他の五つから生まれた人物が五伽耶の王になると物語るものであった。首露王と争ったという脱解も卵生と伝えている。

日本の神話の「真床覆衾《まどこおふすま》」のたぐいを、卵とするわけにはいかない。卵生の英雄伝承もまた、日本の場合はまれであって、室町時代の対馬の伝承や、沖縄の先島《さきしま》の民話などにみられるくらいで、そのありようはきわめて少ない。

第三に、『記』・『紀』の神話では、降臨する神に、随伴する神（たとえば五部神など）があるが、高句麗の鄒牟王の神話、新羅の赫居世や伽耶の首露の神話などには、随行する神の伝承はない。

第四に、この点がもっとも重要なところだが、天孫の降臨は、中つ国の「ちはやぶる国つ神ども」（『記』）、「蠅声《さばえ》なす邪《あ》しき神」（『紀』）を「ことむけやはす（言向和平）」、つまり平定することに主眼をおいての天降りであるのにたいして、朝鮮半島の神話は、かならずしもそうではない。

新羅の場合には、六村の村長たちが、王者を迎え、国を建てることを相談する。それを前提にして、始祖が降臨するのであり、伽耶の場合はもっと明確に、村の長や「衆庶」の人びとが「集会」して、新しい国をつくり、君后を迎えるまつりを行なって、神子が降臨するのである。だからこそ村の長や民衆は「歓喜踴躍」したとはっきりと記述する。

『記』・『紀』の神話は、その完成時においてはより専制的であり、新羅や伽耶の神話にあってはより民主的であるといえよう。類似性や共通性をその基底において保有しながら、なぜこのようなちがいが形づくられてきたのか。その秘密の大きなひとつに、古代天皇制を成立せしめた国家のありようと、たとえば新羅の和白《わはく》の制度（貴族らの合議制）を長く保持したというような伝統の相違があったのではないかと推測している。

韓神のまつり　『記』・『紀』の神話には、朝鮮半島の神話や信仰とかかわりをもつものがある。そしてじっさいに「韓神《からのかみ》」も登場する。意外に思われるかもしれないが、それは事実であった。

『古事記』の上巻（神代巻）には、大国主神と少名毘古名神《すくなひこなのかみ》との国づくりを記した詞章のつぎに、大年神《おおとしのかみ》の系譜を述べる。そしてそのはじめに「故《かれ》、その大年神・神活須毘神《かんいくすびのかみ》の女《むすめ》伊怒比売《いぬひめ》を娶りて生める子は、大国御魂神《おおくにみたまのかみ》、次に韓神《からのかみ》、次に曾富理神《そほりのかみ》、次に白日神《しらひのかみ》、次に聖神《ひじりのかみ》」の神統譜を記す。この大年神の系譜の分析は別に詳しくこころみたので（『古代伝承史の研究』第三編Ⅱ塙書房）、ここでは韓神のみをとりあげて考えることにしよう。

大年神の神統譜に「韓神」などがみえることを理由に、『古事記』を偽書とする説も提出されてきた。その説の有力な論拠のひとつは、『延喜式』に宮内省に坐《ま》す神三座として、「園神《そののかみ》社」（一座）、「韓神社」（二座）が収載されており、この「韓神」は平安遷都以後、平安京の宮内省にまつられるようになった神であって、和銅五年（七一二）正月の成立とする『古事記』に記されているのはあやしいとみなすところにある。

『古事記』のすべてを偽書とはいわないでも、『古事記』を平安時代初期の成立としたり、あるいはこの大年神の系譜は、平安時代以後の追記ないし加筆とする考えもある。

しかしこのような見方・考え方に賛同するわけにはいかない。まず大年神の神統譜にみえる「韓神」が、平安京の宮内省でまつられた韓神社の神と同じかどうか。『古事記』にはその鎮座地や祭祀集団をはっきりとは書きとどめていないので、ただちに同一神と断定するわけにはいかない。

それればかりではない。韓神は平安遷都ではじめてまつられた神、とする認識自体があやまりである。そのことは、『古事談』が「本《もと》より大内跡（所）に坐《ま》す」とか、『江家次第《ごうけしだい》』が「件《くだん》の神、延暦以前此に坐す、遷都の時、造宮使地所に遷《うつ》し奉らむと欲す、神託宣して云はく『猶《なお》、此処《ここ》に座して、帝王を護り奉らむ云々《うんぬん》』、よって宮内省に鎮座す」などと記し、また『塵袋《ちりぶくろ》』が「イマダミヤコウツリ、ナカリケルハジメヨリ、ココニオハシマス神也《なり》」と書きとどめているのにもうかがわれよう。

そして『新抄格勅符抄《しんしょうきゃくちょくふしょう》』の「大同元年（八〇六）の牒《ちょう》」には、「園神廿戸　韓神十戸」をあげて「並に讃岐《さぬき》国、同年奉充」と明記する。ここに「同年」とあるのは天平神護元年（七六五）のことであって、平安遷都（延暦十三年＝七九四）よりも前の、八世紀なかばまでにはまつられていた神であったことがわかる。けっして、平安遷都以後にあらたにまつられた神ではなかった。韓神のまつりが、平安遷都以後とする説のあやまりは明らかである。

宮内省に鎮座する韓神のまつりは、宮廷の祭儀でも重視されたが、平安時代の宮中神楽《かぐら》（平安時代の文書・記録に、すでに「御神楽」と記す）の神楽歌を記録する古写本のなかで、もっとも注目されるのが、鍋島《なべしま》家本の『神楽歌』である。鍋島家本はもとよりのこと、ほかの写本においても、宮中神楽の演目のひとつに「韓神」があったことは疑えない。

宮中の『神楽歌』のなかには、たとえば〝銀《しろがね》の女貫《めぬき》の大刀《たち》をさげ佩《は》きて奈良（平城）の都をね（練）るはたが子ぞねるはたが子ぞ〟という歌詞がある。この「剣《つるぎ》」の本歌《もとうた》は、奈良（寧楽）に都のあった時代を背景とする神楽歌であろう。大同二年（八〇七）に上申された斎部広成《いんべのひろなり》の『古語拾遺』に「猿《さる》女君氏《めきみうじ》、神楽の事を奏す」とあるように、宮中神楽の恒例化にさきだって、奈良時代にも宮中神楽は存在したと考えられる。

ところで宮中神楽のなかの「韓神」の歌詞を鍋島家本で記すと、つぎのとおりである。

(イ)見志万由不、加太仁止利加介、和礼可良加見波(乃)、加良乎支世武也、加良乎支、加良乎支世牟也(三島木綿《みしまゆう》、肩にとりかけ、われ韓神は(の)、からをぎせむや、からをぎ、からをぎせむや)。

(ロ)也比良天乎、天仁止利毛知天、和礼加良加見毛(乃)、加良乎支世牟哉、加良乎支、加良乎支世牟也(やひらでを、手にとりもちて、われからかみも(の)、からをぎせむや、からをぎ、からをぎせむや)。

この〝加良乎支〟は、折口信夫説にいう〝枯荻〟ではなく〝韓招ぎ〟が正しいことは、つとに指摘したところであり(「神楽の命脈」『日本の古典芸能』第一巻所収　平凡社)、現在では通説化しつつある。韓神のまつりには〝韓招ぎ〟こそふさわしい。その点では本居宣長説の「枯荻」という解釈よりも、賀茂真淵の「韓優」とみた考えのほうがより妥当であった。

韓神の歌舞で、韓招ぎするその人長《にんじよう》の舞で、〝三島木綿、肩にとりかけ〟と歌われていることはみのがせない。なぜ〝三島木綿〟を肩にとりかけて〝韓招ぎ〟するのか。その謎は、三島の神じたいが百済よりの渡来の神であったことをつきとめて、はじめてとける。

このことは『伊予国風土記』の逸文によって推察できる。その文には「乎知《おち》郡御嶋に坐す神の御名は大山積神《おおやまつみのかみ》、一名は和多志大神《わたしのおおかみ》なり」とあって、つぎのように記されている。

「是の神者は、難波の高津の宮に御宇天皇世に顕《あらは》れましき。此神、百済国より度り来まして、津の国御嶋に坐しき」と。

「乎知郡御嶋に坐す神」とは伊予国の越智郡の大山積《おおやまづみ》（祇）神社の神であり、『延喜式』に「大山積神社名神大」とする古社の神であった。越智水軍をはじめとする水軍の〝いくさ神〟として武威に輝くが、本来の神格は「和多志大神」というべきであろう。渡海の神であって、その「和多」は海を意味する朝鮮語の〝パダ〟につながる。倭語にいう〝わたつみのかみ〟（綿津見神）の〝ワタ〟も、〝パダ〟の神が原義であった。

『延喜式』頭注には「伊与越智郡大山祇、俗称三島大明神」とあるが、その神はもともと「百済国よりの度（渡）来」の神であったことがわかる。文中にいう「難波の高津の宮に御宇天皇」とは仁徳天皇のことだが、「御宇」という用字が、大宝元年（七〇一）の「大宝令」以降に登場し、「天皇」の用語も、七世紀なかば以後に具体化してくるわけで、その「渡来」の時期が、はたして仁徳天皇の世（代）かどうかは検討を要する。

だが、摂津の御嶋（三島）神、伊予の御嶋（三島）神が、百済系の渡来神であったことは、『伊予国風土記』逸文によって察知できよう。

すなわち韓神のまつりには、百済渡来ゆかりの三島の木綿こそがふさわしい。『古事記』の神話の神々の系譜のなかに「韓神」が登場するのも、いわれあってのことであった。

(2)　神話の対比

ニギハヤヒの伝承　日本の神話にかんする研究においては、前にもくりかえし述べたように、日本のなかの古典神話の内在的考察と、近隣諸民族の神話との比較検討が必要である。そしてその両者の方法をとりあわせて吟味することがのぞましい。

そのひとつの例として、ニギハヤヒの降臨伝承を例に、若干の私見を申し述べることにしたい。天降る神の伝承は前述の邇邇芸命《ににぎのみこと》の降臨神話のみではなかった。『古事記』では邇芸速日命《にぎはやひのみこと》（『紀』では饒速日命と書く）の降臨を、およそつぎのように記述している。

すなわち神倭《かんやまと》伊波礼毘古命《いわれひこのみこと》（神武天皇）の東征説話に関連して、大和入りをした伊波礼毘古命のもとにおもむき、「天つ神の御子、天降り坐《ま》しつと聞けり、故《かれ》、追ひ参降り来つ」と述べ、天津瑞《あまつしるし》を献上したことを物語る。そしてこの邇芸速日命は、登美毘古《とみひこ》の妹である登美夜毘売《とみやひめ》をめとって、宇麻《うま》志麻遅命《しまじのみこと》を生み、その宇麻志麻遅命が物部連《もののべのむらじ》らの祖であるというのである。

『日本書紀』ではどうか。『日本書紀』の伝えは、『古事記』よりはやや複雑になっている。すなわち神武天皇即位前紀のはじめの部分に「東に美《よ》き地あり、青山四《よも》に周《めぐ》れり、その中に亦、天磐船《あめのいはふね》に乗りて飛び降る者あり」との伝承を載せて、「その飛び降るといふ者は、是《これ》饒速日と謂《い》ふか」と伝える。

『日本書紀』では、いわゆる神武天皇の大和入りにさきだって、饒速日命が天磐船に乗って天降ったとする。この所伝はいささか『古事記』の伝承と異なるところがあると考えられるかもしれない。

『古事記』では「天つ神の御子、天降り坐しつ」と聞いて、「故、追ひ参降り来つ」と物語るからである。いうところの「天つ神の御子」を天孫邇邇芸命と『古事記伝』のように解釈すれば、邇邇芸命の天降りの後をうけて、邇芸速日命が天降ったことになるが、別の解釈ではこの「天つ神の御子」を神武天皇とする説もある。後者によれば「天つ神の御子」たる神武天皇の東征をうけての「追ひ参降り来つ」ということになるからである。しかし『古事記』の叙述するところでも、神武天皇の大和入りにさきだって、邇芸速日命が大和に先住していたとすることにかわりはなく、「故、追ひ参降り来つ」とはあっても、邇芸速日命が神武天皇の大和入り以前に大和へ先行していたという説話のすじみちは同類である。

『日本書紀』巻第三の神武天皇による大和平定の詞章では、神武天皇東征以前に饒速日命が「天神の子」として先住したことをくりかえし述べて、「嘗《むかし》、天神の子ましまして、天磐船に乗りて天より降りいでませり」との長髄彦《ながすねひこ》の言葉を載《の》せる。そして饒速日命は長髄彦（『古事記』では登美能那賀須《とみのながす》泥毘古《ねびこ》と書く）の妹であった三炊屋媛《みかしぎやひめ》（またの名は鳥見屋媛）を娶って、可美真手命《うましまでのみこと》を生み、長髄彦は「饒速日命を以て君として奉《つか》へまつる」という。

その表記や伝承のなかみには、『古事記』とのあいだに異同があるけれども、鳥見屋媛（『古事記』

では登美夜毘売）を娶って可美真手命（『古事記』では宇摩志麻遅命）を生み、饒速日命を物部氏の遠祖とするのは、『古事記』と同じタイプの伝えである。饒速日命の「天津瑞《あまつしるし》」（『日本書紀』では「天表」と書く）は、『日本書紀』のほうがより具体的であって、天羽羽矢一隻《あまのははやひとは》・歩靫《かちゆぎ》と述べられており、饒速日命は長髄彦を殺して神武天皇に帰順する。その描写は『古事記』よりも『日本書紀』において詳細となる。

『日本書紀』の伝承では、さらに留意すべき記載が加わる。それは神武天皇三十一年四月の条の「饒速日命、天磐船に乗りて、大虚《おほぞら》をめぐり行きて、是の郷を睨《おせ》りて降りたまふに至りて、故《かれ》、因りてなづけて『虚空《そら》見つ日本《やまと》の国』といふ」との所伝である。いわゆる大王家（天皇家）の祖先たちが国見した伝承は少なくないが、物部氏の祖神とする饒速日命が天磐船に乗って国見したことを特筆し、「虚空見つ日本の国」と名づけたとするのは、異色の伝承であるといえよう。

いわゆる神武天皇の大和入りにさきだって、邇芸速日命が天降ったとする『記』・『紀』両書の伝えよりも、はるかに詳しく叙述するのは、『先代旧事本紀』の伝承である。その内容については詳述したことがあるので（「日朝神話の比較」『古代の道教と朝鮮文化』所収　人文書院、『古代伝承史の研究』第四編Ⅱ　塙書房）、ここではその要点のみを紹介するにとどめよう。

『先代旧事本紀』はたんなる偽書ではなかった。別に考証したように、この書のなりたちは、大同二年（八〇七）以後で、少なくとも延喜六年（九〇六）以前には成書化していた。『先代旧事本紀』の饒速日尊の関係伝承は、巻第三（天神本紀）・巻第五（天孫本紀）、巻第六（皇孫本紀）・巻第七（天皇本紀）などにみえている。その内容を天神本紀と天孫本紀を中心に必要な限りでまとめると、つぎのようになろう（ここでⒶとするのは天神本紀であり、Ⓑとするのは天孫本紀である）。

(1) 饒速日尊は天降りの詔をうけて、「天璽瑞宝十種」を授けられ、三十二の供奉神、五部人、五部造、天物部二十五部人、船長・梶取らが随伴する。この伝承はⒶに詳しく、Ⓑは「天璽瑞宝十種」を授けられたことのみを伝える。

(2) 天神の御祖の詔をうけた饒速日尊は河内国の河上の哮峰《いかるがのみね》に天降り、大倭（大和）国鳥見白庭《とみのしろにわ》山《やま》に「遷坐」し、天磐船に乗って国見する。この伝承はⒶ・Ⓑに共通している。とくに国見にかんして「乗㆓天磐船㆒而翔㆓行於大虚空㆒巡㆓睨是郷㆒而天降坐矣、謂㆓虚空見日本国㆒是歟」とあるのは、『日本書紀』が「乗㆓天磐船㆒而翔㆓行太虚㆒也、睨㆓是郷㆒而降之、故因目之曰㆓虚空見日本国㆒矣」と書くのとほぼ同文であるのは留意すべき点であろう。

(3) 河内の河上の哮峰に天降り、大和の鳥見白庭山に遷った饒速日尊は、長髄彦の妹御炊屋姫《みかしぎやひめ》をめとる。だが子神宇摩志麻治命《うましまじのみこと》が生まれるまでになくなる。Ⓑの方はやや詳しく、生まれた子が男子ならば味間見（宇摩志麻治）命と名づけ、女子ならば色麻弥命《しこまみのみこと》と名づけよと御炊屋姫に告げたことを述べる。長髄彦の妹の御炊屋を娶るという叙述は、『日本書紀』が長髄彦の妹、三炊屋媛をめとるという記載に類似し、そのあいだに宇摩志麻治命を生むという子神の神名は、

『古事記』の宇摩志麻遅命と似かよう。もとより河上の哮峰に天降り、そこから鳥見白庭山に遷るとするのは『先代旧事本紀』独自の伝えであり、また宇摩志麻治命が誕生する以前に、饒速日尊が神去《かんさ》ったとするのも『先代旧事本紀』特有の所伝となっている。

(4)　饒速日尊が亡くなって、「天」に上り復命しないので、高皇産霊尊が速飄命《はやちのかぜみこと》を「葦原中国」に派遣して事情をたしかめたところ、饒速日尊はすでに神去ったことが判明する。そこで高皇産霊尊はあわれと思い、速飄命を再び派遣してその「屍骸」を「天上」に運び「日七夜七」を以て「遊楽」し、「天上」に斂《おさ》めたという。この段の詞章は(A)・(B)ともに所伝するところである。そして死後「天上」に収斂《しゅうれん》して「遊楽」する伝承もまた『先代旧事本紀』に物語るところであり、『古事記』や『日本書紀』・『古語拾遺』などにはみえない。ただ高御産巣日神（『古事記』）を高皇産霊尊とする神名の表記は、『日本書紀』と同様である。

これらの伝承のなかで、饒速日尊の河内国の河上哮峰への降臨や、瑞宝十種などを特筆することは注目にあたいする。降臨した王者のレガリア（玉璽）が、『記』では抽象的に「天津瑞《あまつしるし》」と書き、『紀』が天羽羽矢《あまのははや》一隻・歩靫《かちゆき》と記し、『先代旧事本紀』では「瑞宝十種」となるばかりでなく、『先代旧事本紀』はより具体的に河内への降臨を強調する（これは物部氏の本貫が河内にあったことと深く関連する。第二章(2)『古語拾遺』と『先代旧事本紀』参照）。

ところで、饒速日命と伊波礼毘古命との葛藤や、国ゆずりに類似する伝承が高句麗にある。高句麗の始祖鄒牟《すうむ》王（朱蒙・東明王）と先住の王者たる松譲王との争いや国ゆずりする神話と饒速日尊の神話はそのモチーフにおいて共通するところが多い。

高句麗の鄒牟王の建国神話は、前にもふれたように好太王碑文に明記されており、また五世紀前半の高句麗の牟頭《むとう》婁《る》塚の墓誌にも断片的ながら書きとどめられている。五世紀のはじめまでに、鄒牟王の神話のあったことはたしかであった。

そして鄒牟王の神話は、北斉の魏収《ぎしゅう》が編集した『魏書』（五五四年）の高句麗伝、唐の姚思廉《ようしれん》がまとめた『梁書《りょうじょ》』の高句麗伝、さらに『旧三国史』・『三国史記』や『三国遺事』の高句麗神話へと、その内容がふくらんでいった。朱蒙（鄒牟王）と松譲王との葛藤をめぐる伝承と、饒速日尊と神武天皇（磐余彦）の伝承との類似点をあげると、つぎのようになろう。

(1)朱蒙が天帝の子で河伯の娘を母として出生したこと、磐余彦が天神の子である鸕鷀草葺不合尊《うがやふきあえずのみこと》（『古事記』では鵜葺草葺不合命）と海神の娘の玉依姫《たまより》（『古事記』では玉依毘売命）とのあいだに出生したこと、(2)磐余彦の九州から大和への東征と対応するかのように、朱蒙が生国夫余より沸流水のほとりにおもむくこと、あるいは(3)鄒牟あるいは東明が、亀などの助けで河水を渡るのと、磐余彦がその東征で、『古事記』で、亀の甲に乗った槁根津日子《さをねつひこ》が「海道」の案内者となること、そして(4)沸流に先住の王者として天帝の子である神器（鼓角）をもった松譲王があり、天神の子である饒速日尊が先住の王者として天降って、「天津瑞」（『古事記』・『日本書紀』では「天表」、『先代旧事本紀』では「天璽瑞宝十種」の神器）を保持していたこと、さらに⑸朱蒙は鼓角を奪い、饒速日尊（『先代旧事本紀』では宇摩志麻治命）が神器を奉献して帰順し、松譲王も饒速日尊らもその地になお勢力を保持したことなど、対応する点が少なくない。

もっとも、当然のことながらことなるところもかなりあるが、こうした類似性には、たんなる偶然とは思われない要素がある。そこで参考になるのは、『日本書紀』の編纂者たちが、高句麗の建国神話を知っていたことである。『日本書紀』の天智天皇七年（六七八）十月の条には、「高麗の仲牟《ちゅうむ》王、初て国を建《た》つる時に、千歳《ちとせ》治めむことを欲《ほり》しき。母夫人の云ひしく、『若《たと》ひ善く国を治むとも得べからじ。但し当《まさ》に七百年の治有《あ》らむ』といひき」とはっきり書いている。いうところの「高麗」とは高句麗であり、「仲牟王」とは鄒牟王のことである（『三国史記』の新羅本紀には「中牟王」と記す）。そして「母夫人」とは好太王碑などにも述べる「母河伯女郎」であった。

私がかねがね注意してきたのは、『日本書紀』の大化元年（六四五）七月の詔で、高句麗使をとくに「高麗神子奉遣使」と書いている点である。百済王や新羅王などの場合の表記とは、いちじるしくことなっている。高麗（高句麗）王とは書かずに高句麗王を、わざわざ「高麗神子」と記しているのも、高句麗王の始祖神話を強く意識しての表現である。

高句麗の東明王信仰は、百済にも伝わっており、その神話がどのようなルートで宮廷に入ったのか、さらに吟味すべきだが、こうした比較もまたなおざりにはできない。

欠落の補完　本書のはじめに、『記』・『紀』神話は、日本の代表的な古典神話にはちがいないが、『記』・『紀』神話が日本神話のすべてではないことを指摘した。『記』・『紀』神話の舞台は、大和や伊勢のみでなく、出雲・筑紫などというようにくりひろげられているが、西日本を中心にするとはいっても、たとえば全長百メートルをこす古墳が備前《びぜん》に十一基、備中《びっちゅう》に八基というように、有力な政治圏・文化圏が実在した吉備《きび》の神話は、『記』・『紀』神話のなかではすこぶる断片的にしか収録されてはいない。だからというので、吉備の地域に神話とその伝承がなかったわけではないのである。『記』・『紀』がそれを書きとどめなかったにすぎない。

東日本におよんでは、『記』・『紀』における神話の欠落はきわめていちじるしい。たとえば北陸にかんしては、越《こし》のヌナカワヒメの神話や、国生み神話における佐度洲《さどのしま》（佐渡島）・越洲《こしのしま》などのように、一部がその舞台とされており、信濃《しなの》については、国ゆずりのところに、「科野《しなの》の国の州羽《すわ》の海（諏訪湖）」（『記』）に追われるタケミナカタの神の神話がすこしあり、美濃《みの》についてはアメワカヒコの死に関連して、「美濃国の藍見河の河上の喪山《もやま》」など、若干の神話が記述されているだけである。

関東の地域ともなれば、ますます希薄になってくる。国ゆずりの神話に付随して、フツヌシの神を、『日本書紀』巻第二に「此の神、今東国《あずま》の檝取《かとり》の地（千葉県佐原市香取）にます」（第二の「一書」）と記すばかりであった。『記』・『紀』神話にはタケミカヅチとフツヌシ両神の活躍が物語られているが、現実の国土とのかかわりは、この「一書」（別伝）の伝えのみである。

だからというので、関東の地域に神話がなかったとはいえないのである。たとえば養老《ようろう》七年（七二三）のころまでに完成した『常陸《ひたち》国風土記』（筑波郡の条）には、前にも述べたように福慈《ふじ》の神と筑波《つくばの》神《かみ》の新粟《わせ》の新嘗《にいなめ》をめぐる神話などがある。しかしそのような神話は、いっさい『記』・『紀』神話の収録するところではなかった。

『記』・『紀』の神話だけで日本の神話を考えることが、いかに不充分であるかは、これまでの検討によっても、もはや明らかであろう。書かれた神話と書かれざる神話の断層をみきわめ、古典神話もそれぞれの内なる考察と比較、そして近隣諸地域・諸民族の神話の吟味と対比、いわゆる北方系と南方系の交錯などを明らかにする作業を進めるなかで、日本の神話の原像がしだいに浮かびあがってくる。

付章　神話と教育

神話の虚実　『古事記』と『日本書紀』が、日本の古典のなかの白眉《はくび》であることは、だれもが認めるところであろう。しかしこれを「神典」視し、とりわけ『古事記』の上巻、あるいは『日本書紀』の巻第一・巻第二の「神代巻」に記録されている神話を絶対視して、『記』・『紀』神話イコール歴史、とみなすような考え方に同調するわけにはいかない。

『古事記』の「序」によれば、天武天皇の勅語にもとづいて、稗田阿礼《ひえだのあれ》が「誦習」し、元明天皇の勅命によって太安万侶《おおのやすまろ》が筆録して、和銅五年（七一二）の正月二十八日に「献上」されたとする『古事記』（三巻）は、天武天皇の詔にもはっきりと書かれているように「邦家《ほうか》の経緯《けいい》（国家の根本組織）、王化の鴻基（天皇徳化の基本）」を明確にすることを主たる目的として、その「誦習」と「撰録」とがはじまったのである。

『日本書紀』三十巻もまた、たんなる歴史書として、その編纂事業が開始されたのではない。日本国の「紀」として、建国の由来と皇権統治の正当性を内外に示さんとする意図のもとに、いわば政府の史局で、政府の事業として、多数の官僚史家らが参加し、最終的には養老四年（七二〇）の五月二十一日に政府へ奏上されたものであった（『記』・『紀』のなりたちについては『藤原不比等』朝日選書や『古代学とその周辺』人文書院　ほかでも、たびたび論述しているので参照されたい）。

両書がきわめて貴重な古典であり、これを尊重することにいささかも異存はない。私自身、『記』・『紀』両書は学生時代からくりかえし熟読してきた。だからといって、両書に描かれている記述をそのまま史実とみなしたり、『記』・『紀』の神話を、ただちにそのまま歴史的事実と考えてきたわけではない。

『記』・『紀』の神話は、日本の古典のなかの代表的な神話だが、本書の第一章から第五章までの叙述のなかで、再三にわたって指摘したように、日本列島のすべての神話を収録したものではなかった。そしてまた、語りつがれた口頭伝承としての本来の神話をそのままに記録したものでもなかった。そこには筆録の目的があり、『記』・『紀』両書の編纂目的にそっての「削偽定実《さくぎていじつ》」があった。そうした点をじゅうぶんに理解して、「活用」することが必要なのである。

「神話から歴史へ」という見方や考え方もある。しかしこのようなとらえ方には疑問がある。まず神話の時代があって、ついで歴史の時代があったとするような認識は、かならずしも正当ではない。人類の歴史をふりかえれば明らかなように、口から耳へ、耳から口へと語り伝えられる口頭伝承の世界は、人間が文字を使用する以前にも存在した。文字の使用にさきだって、神話は語りつがれていたのである。

その意味では、大同二年（八〇七）に斎部広成《いんべのひろなり》が「撰上」した『古語拾遺』が、その冒頭に「けだし聞く、上古の世いまだ文字あらず、貴賤老少口々《くちぐち》に相伝へ、前言往行存して忘れず、書契《しょけい》ありてより以来、古《いにしえ》を談《かた》ることを好《この》まず、浮華《ふげ》競《きそ》ひ興《おこ》り、還《かえ》りて旧老を嗤《わら》ふ」と書いているのがあたっている。神話もまた、人類の歴史の産物なのであり、いわゆる文字の時代に先行して存在していたのである。

そしてまた文字の使用が進行するなかで、神話が記録されるようになり、やがて読む神話、つまり文字を媒体とする書かれた神話が具体化してくる。だが記録された神話には、限界があり制約があった（第一章参照）。さらに記録された神話の登場によって、耳から口へ、口から耳へと語りつがれた口承の神話がすべて消滅したわけでもなかった。記録された神話が出現したその他方で、語りつがれる神話の世界も併存したのである。

神話の本源は、あくまでも語りつがれた神話の世界にあって、書かれた神話、記録された神話は、いうならば二次的・三次的な神話であった。神話もまた、人類の生みだした大切な文化の遺産である。神話を教育の場で、科学的・実証的に学習することを軽視すべきではない。しかし書かれた神話の虚と実をみきわめ、記録された神話の実相を把握せずに、不用意に神話を教育でとりあげるならば、かつてのいわゆる「皇国史観」のもとでの、いつかきた道をくりかえすことになりかねない。

『記』・『紀』の思想史　『記』・『紀』の神典視は、いったいいつごろからはじまるのであろうか。古代はともかく、中世には『日本書紀』の神典視が具体化している。『日本書紀』は『古事記』とはことなって、奈良時代すでに講書が宮廷で行なわれており、平安時代に限っても、弘仁三年（八一二）、承和十年（八四三）、元慶二年（八七八）、延喜四年（九〇四）、承平六年（九三六）、康保二年（九六五）というぐあいに、少なくとも六回の講書があったことはたしかである。『日本書紀』は想像される以上に、貴族・官僚のあいだで読まれていた。それは講書のおりごとに記録された『私記』をみてもわかるし、『備前国風土記』や『豊後国風土記』の編集にさいして『日本書紀』が参照されたり（このことは『日本古代国家成立史の研究』青木書店で論証した）、あるいは『万葉集』の左注、大宝令の注釈書ともいうべき『古記』に、『日本書紀』の文が引用されているのにもうかがわれる。

こうした古代における講書などの成果を集大成したのが、文永十一年（一二七四）、ないしその翌年に、卜部《うらべ》兼文《かねぶみ》の行なった講義を卜部兼方《かねかた》がまとめた『釈日本紀』である。南北朝のころには、『日本書紀』・『古事記』・『先代旧事本紀』を古典のなかの古典、つまり「三部書」とする考えが、よりいっそう強くなってくるが、とりわけ『日本書紀』の神代巻を重視する傾向がきわだってきた。

室町時代になると、『日本書紀』の神代巻についての注釈書がめだって多くなり、とくに吉田神道などでは、『日本書紀』を古典第一の書とみなすようになって、神典視のいろあいが濃厚になる（吉田＝卜部家は書紀学ともいうべき家学の伝統を築いていった。『古代文化の探究』講談社学術文庫所収の「吉田兼倶」を参照されたい）。

『古事記』の最古の写本は、現在のところ応安四、五年（一三七一、七二）に筆写された真福寺本『古事記』だが、それ以前にも『古事記』の書写や校合《きょうごう》があったことは、真福寺本の奥書によってたしかめられる。『古事記』の成立にかんしては、これを明記するのはその「序」のみであって、和銅五年（七一二）の成書化のことは、『続日本紀』にも記されていない。

その故に『古事記』偽書説などが提起されてきたわけだが、『万葉集』の題詞や左注には『古事記』の文にもとづいたところがあり、『承平私記』にも、『古事記』への言及がある（偽書説を批判した私見は『鑑賞日本古典文学　古事記』角川書店、総説で詳論した）。

しかし『日本書紀』のように講書がなされた形跡はまったくない。もっとも南北朝のころになると、『古事記』でも神代巻が重視されるようになったらしく、たとえば永徳元年（一三八一）の道果《どうか》本『古事記』はその上巻のみが筆写されている。

『古事記』が神典視される傾向に大きな役割をはたしたのが本居宣長《もとおりのりなが》であった。宣長の大著『古事記伝』は、『古事記』の研究史における金字塔であって、その功績は不朽といってよい。だが〝やまとごころ〟を重視して、〝からごころ〟をしりぞけてやまぬ宣長は、〝やまとみふみ〟の筆頭に『古事記』をとりあげて〝天照大御神の神代〟を神聖視した。

国学者が主として『古事記』を、儒学者が主として『日本書紀』を重視するようになるありようは、近世の古典研究史にあらわである。

「国学者が主として『古事記』を、儒学者が主として『日本書紀』を」と述べたが、それはおよその大勢であって、国学者のなかで『日本書紀』の研究にとりくんだ人もあったし、儒学者のなかにも『古事記』にかんする考察を行なった人もあった。

宣長没後の門人といってよい平田篤胤《ひらたあつたね》は、「古事記、神代紀なる伝へには、みだれたる事の多くまじれる」と批判し、『記』・『紀』と「異なる説の、かへりて古伝の正しき物と知らずあるは、いともうれたき事なりかし」と断言してはばからなかった。

彼は『日本書紀』の別伝や「祝詞《のりと》」あるいは『新撰姓氏録《しんせんしょうじろく》』などの異説をも重視した。

こうした古典評価のちがいなどもあって、宣長が黄泉《よみ》の国を地下の国とし、けがれとおそれの他界とみなしたのにたいして、篤胤は黄泉の国を月に求め、それとは別の幽冥界《ゆうめいかい》を設定して、出雲、あるいは社《やしろ》・祠《ほこら》、墓地の上など、地上の死後他界を具象化しようとつとめた。

折口信夫博士が晩年の最後に「民族史観における他界観念」を真剣に模索されたように、他界観念は神道や国学に欠かすことのできない重要なテーマであった。先学たちの死後他界にたいする理解の相違も、『記』・『紀』およびその他の古伝承のうけとめかたの差異に発する場合が多い。

『日本書紀』の講書はすでに奈良時代に行なわれており、かなり広く読まれていた。そして当時の貴族・官僚・知識人の対朝鮮観にかなりの影響をおよぼした。従来その点がほとんどかえりみられていないので、若干そのことにふれておこう。日本国の「紀」というべき『日本書紀』に、朝鮮半島を「蕃国」視する意識が濃厚であったことは、『古代の道教と朝鮮文化』（人文書院「渡来と帰化と」）などでも述べたが、なかでも、いわゆる神功皇后の新羅征討説話には、そのいろあいがいちじるしい。

七二〇年代のころから対新羅関係が悪化してくると、古代の為政者のあいだには、新羅無礼、新羅討つべしの気運がたかまる。そのおりにクローズアップされてくるのが、『日本書紀』の朝鮮「蕃国」史観にもとづく記載であり、神功皇后のいわゆる「三韓」服属説話であった。

天平三年（七三一）に、神功皇后説話にゆかりの深い越前の気比《けひ》大神に、神階従三位が贈られたのも、新羅征討論とのつながりがある（『新抄格勅符抄』）。また天平九年「新羅無礼の状」を告ぐおりに香椎宮《かしいぐう》への奉幣があり、天平宝字三年（七五九）「まさに新羅を伐《う》つべきの状」が香椎廟に奏され、さらに天平宝字六年「新羅を征するための軍旅を調するをもって」香椎廟奉幣がなされたのも（『続日本紀』）、『日本書紀』が征討説話にからんで、香椎（橿日）の地を要地とみなしていたからである。神武天皇にはじまる漢風の諡《おくりな》のなかで、他にさきだってまず気長足《おきながたらし》姫尊《ひめのみこと》（神功皇后）が「神后」とされたのも（『懐風藻』）、けっして偶然ではなかった。

八世紀にはすでに、古代の「征韓論」といってよい新羅征討論が唱えられていた。ふたたび征韓の思想がよみがえるのは江戸時代であった。征韓論は明治六年（一八七三）以前にも存在したのである。寛文九年（一六六九）の山鹿素行《やまがそこう》の『中朝事実』や寛政元年（一七八九）の中井積善の『草茅危言《そうぼうきげん》』などにみえる朝鮮観は、いずれも、『日本書紀』の神功皇后の征討説話にもとづくものであった。『中朝事実』が「神功帝親ら三韓を征したまふ、三韓面縛《めんばく》して服従し、武徳を外国に耀《かがや》かす。是より三韓毎年朝聘献貢《ちょうへいけんこう》して、船楫乾《ふねかぢほ》さず、故に外国の諸器及び経典、具《そなは》らずと云ふことなし」と述べ、『草茅危言』が「神功の遠征以来、韓国服属朝貢」と記す論拠は、いずれも『日本書紀』にあった。意外に思われるかもしれないが、江戸時代の朝鮮通信使の真文役（秘書官）として、まさに「誠信の交はり」を実践した、すぐれた思想家であり、教育者・外交家でもあった、当時の国際派雨森芳洲《あめのもりほうしゅう》といえども、いわゆる「三韓征伐」史観を脱皮することはできなかった。

それは芳洲の『隣交始末物語句解』に、「神功皇后三韓征伐を初《はじめ》、近代之事ニ至ル迄、対州（対馬）は武備肝要ニ候と申事《もうすこと》相知し候様ニ相応ニ書述」とあるのにもみいだされる（もっともその故に芳洲の学問と思想、そしてその行動が無意義であったわけではない。「いまに生きる芳洲だましい」『青丘』八号を参照されたい）。

吉田松陰は傑出した思想家であり教育者であったが、その松陰も、『幽囚録』などをみれば「征韓論者」であったといわねばならぬ。『幽囚録』には「朝鮮の如きは、古時、我に臣属せしも、今は則ちやや倨《おご》る」とみなして、「朝鮮を責めて質を納れ、質を奉ること、古の盛時の如くならしめ」と説くのである。松陰がそのようにいう論のよりどころは、「神功の征韓このかた、列聖のなしたまふ所、史を按じて知るべきなり」というように、『日本書紀』などにあった。福沢諭吉の「脱亜入欧」論よりはかなり以前、『日本書紀』ふうの朝鮮「蕃国」観は復活していたのである。

日本神話と教育　日本の近代教育史のなかで、神話が登場するのは国史の教科書においてであった。

だが明治十四年以前の段階においては、歴史教育における神話の位置はまだ確固たるものではなかった。

たとえば明治六年（一八七三）の『小学中等科読本』には、「神代ばくたり、遂に知るべからず」とあり、明治十三年の『新編日本略史』にも同様の内容が書かれていた。

けれども、明治十四年に小学校教則綱領がさだめられて「建国の体制」が強調され、さらに明治十九年から教科書の検定制度がはじめられると、神話即史実とする国史教育がさかんになった。それは太平洋戦争が終わるまでの一貫した国史教育の指導方針となった。

戦後、歴史教育における神話の取り扱いは大きくかわる。たとえば昭和二十六年（一九五一）の中学校の場合には、「神話伝説などから解放されて科学的態度を育てること」とするような時期もあった。しかし昭和三十三年になると、はっきりと方針はかわって、「古典にみえる神話や伝承などについて正しく取り扱う」ことが強調されてくる。そして学習指導要領は、文部省の試案から官報告示の国家基準になった。

昭和四十六年から実施された小学校の改訂指導要領では、六年の内容の取り扱いの(3)で、「日本の神話や伝承も取り上げ、わが国の神話はおよそ八世紀の初めごろまでに記紀を中心に集大成され、記録されて今日に伝えられたものであることを説明し」、「これらは古代の人びとのものの見方や国の形成に関する考え方などを示す意味をもっていることを指導する必要がある」と明記されるにいたった。

前述の改定指導要領に「わが国の神話はおよそ八世紀の初めごろまでに記紀を中心に集大成され、記録されて今日に伝えられたものであることを説明し」とあるのは、それなりに正当である。だが『記』・『紀』以外の神話伝承のあったことをみのがしてはならないし、「記紀を中心に集大成され、記録されて今日に伝えられた」神話が、そのまま「古代の人びとのものの見方や国の形成に関する考え方を示す」といいうるかどうかについては疑問が多い。

古代の為政者たちの「ものの見方」や「国の形成に関する考え方を示す」ということは可能であっても、それを「古代の人びと」全体に拡大するわけにはいかないのである。

その後、しだいに日本歴史の教科書のなかに、神話を取り扱うものが増加してきたが、平成元年（一九八九）三月の小学校「社会科」の新しい学習指導要領では、内容に「イ　遺跡や遺物などを調べて、農耕が始まると人々の生活や社会の様子が変わったことや、大和朝廷による国土の統一の様子について理解すること。その際、神話・伝説を調べて、国の形成に関する考え方に関心をもつこと」があらたに入り、内容の取り扱いでは、「神話・伝承については、古事記、日本書紀、風土記などの中から適切なものを取り上げて指導すること」と明記されるようになった。『記』・『紀』ばかりでなく、『風土記』などが入ったことは注目すべき点だが、「適切なもの」とするその判断基準が問題である。

新学習指導要領では「大和朝廷による国土の統一の様子について理解すること。その際、神話・伝説を調べて、国の形成に関心をもつこと」という指導になる。『古事記』や『日本書紀』の神話が建国の由来に重点をおいているから、作為され、潤色されたものであり、したがって虚構であるというような批判はあたらない。世界各地の神話のなかには、建国の神話がかなりある。「クニ」や「ムラ」のなりたちを語り伝える神話は多く、それは神話が「この世のはじめにおける宇宙・自然・文化などの起源をはじめとして、カミとヒトとの重要なできごとを語り伝えた言葉」である以上、そのなかみに、「建国」などの由来が登場するのはむしろ当然である。

しかしその「建国」神話が、本源的なものであるのか、後に加上・作為されたものなのかをみさだめることが肝要であり、口から耳へ、耳から口へと語り伝えられた神話と、記録された神話との連続と不連続の要素をみきわめることをなおざりにはできない。「大和朝廷による国土の統一の様子について理解する」さいの教材として、神話・伝承を調べることのみが、神話の教育ではないはずである。

くりかえしいうが神話は人類の貴重な文化遺産であり、そこには信仰や生活などの投影がある。神話を教育のなかに「活用」することにたいして、頑迷に反対するわけではない。記録された神話を教材とする場合には、その虚と実を認識し、さらに近隣諸民族の神話と比較して、神話の内実を「取り上げる」ことが必要ではないか。

おりおりの政治的意図や目的によって、都合のよいところのみを「適切なもの」として「取り上げる」ことは、神話を重んじているようで、じつは神話をないがしろにすることともなろう。新井白石はその著『古史通』のなかで、「その事を神にしてこれを秘するは、天統を尊ぶ義なりといふべけれど、その民を愚にして自ら尊大にするは、秦《しん》の二世にして滅びし所なり」と指摘している。けだし卓見である。神話を神話として、その本源に近づく学習を進めるべきであり、私もまたそうした方向での研究を今後もつづけたいと念じている。神話と教育の問題は、古くてしかも新しい問題である。なぜなら原始・古代にかんする学習は、たんなる過去の問題にかんする知識の修得のみにとどまらず、現代の認識、そして未来への展望とも深くかかわりをもつからである。

小学館ライブラリー版刊行にあたって

これまでに三十冊をこえる単著を公にしてきたが、その最初が『神話の世界』(一九五六年八月刊、創元社)であった。主な専攻の分野は古代の政治と社会だが、その実相を究明するためには、文化とりわけ民俗や芸能などの分野の考察をなおざりにするわけにはいかない。古代国家成立史の論究にあわせて、神々をめぐる信仰と伝承の研究に重点をおくようになったのも、それなりのいわれがあった。

一九七〇年の四月に出版した『日本神話』(岩波新書)は、はからずも毎日出版文化賞を受賞する仕事となったが、その後もおりおりに検討をすすめてきた日本神話にかんする私見を、あらたにまとめたのが本書である。『神話の世界』(一九六五年の一〇月に『日本神話の世界』と増補改題)以来の自分史をかえりみて、感慨ひとしおのものがある。

日本の神話といえば、多くの人びとが『古事記』・『日本書紀』の神話を想起するが、『記』・『紀』神話のみが日本神話のすべてではない。『風土記』や『古語拾遺』・『先代旧事本紀』をはじめとする日本の古典にも、あまたの神話が記録されている。そしてこれらの記録された神話と、より本源的な日本列島の神話とがどのようなつながりをもっていたのか。記録された神話のなりたちの考究とともに、日本神話の原像をみきわめる必要がある。

それらの問題を解明するためには、アジアなかでも日本列島に隣接する諸地域の神話との比較が不可欠となる。東アジア・東南アジアなどの神話との対比によって、日本神話の特色がより鮮明に浮かびあがってくる。本書がそうした方法を重視しているのも、たんなるルーツ論だけでは、問題の本質を探究しえないと考えているからである。

ルーツ論（起源論）ばかりでなく、ルート論（形式論）も併用してゆく必要がある。比較とは類似性・共通性のみを検出することではない。相違性や異質性をめぐる検証もまた怠ってはなるまい。類似性や共通性を保有しながら、たとえば日本列島と朝鮮半島との記録された神話との間に、なぜ異なる様相が具体化してくるのか。それは文化の受容と文化の変容にかかわる問題ともつながりをもつ。

本書には残された課題もあるが、これからの神話と歴史に関連する研究と教育に、多少なりとも寄与しうるところがあるとすれば幸いである。

一九九四年九月

上田正昭

『日本の神話を考える』を読む

千田　稔

上田正昭（一九二七―二〇一六）は、孤高の歴史家である。なによりも、神話論を説き、初期王朝論から東アジアからの視線を投げかけた古代史、そして人権論など、その視野の大きさは、歴史家とよぶべきで、近年の一点しか論じない歴史研究者と並べるわけにはいかない。近年の歴史研究者に対する評価が、狭き門より入り、狭き門より出るのをよしとしている傾向に、上田は、黙してきた。

上田の歴史家としての素地は、神話研究から研究のスタートをしたことと、無縁ではない。しかし、上田が意図したことではなく、気がつけば、そのような方向に向かって、歩いていた。中学二年を終わったころ、京都府亀岡市の延喜式内社小幡《おばた》神社の社家である上田家から懇請をうけて嗣ぐことになり、神職の資格をとるため、京都二中を経て、京都國學院から、東京の國學院大学へ進学することになり、民俗学の折口信夫との出会いが、上田を神話の世界に導く。

上田は、本書『日本の神話を考える』を著作する前に、『神話の世界』（創元社、一九五六年、増訂

『日本の神話の世界』)、『出雲の神話』(淡交社、一九六五年)、『日本神話』(岩波書店、一九七〇年)において、神話論を世に問うている。私は、何度か、上田に従って、大和はいうまでもなく、出雲や伊勢をたずねたことがある。夕食の時に酒が上田の口を軽くしたときでる話は、岩波書店から刊行された『日本神話』の話である。それほどこの書に上田神話学の精髄がこめられていたことが、陪席する者に伝わった。それは、わが国の神話論が、記紀神話の中に閉塞していることを打破するのが、上田神話学の出発点であった。

國學院大学で折口の神話に対する考えを学ぶ。それは、神話は神話学のためにあるので、折口は柳田国男の弟子であるということを憚らなかったが、折口は、古老が話す民話的昔話を採集する柳田的方法をしりぞけた。

『日本神話』を著したのは、京都大学教養部で助教授から教授に昇任する前年である。そして、本書『日本の神話を考える』は、その後の研究をもふまえて、さらに深められた上田の神話論を世に問うた著作であり、その年に京都大学を退官している。

第一章「神話と歴史」に、次のように書かれている。

「語られた神話は、もともと聖なることばの世界に属するものであった。その語られる神話においても、語りのなかみは、神や精霊に対する観念や意識の発展、神や精霊のまつりや儀式(祭儀)の展開、さらに語る人と聞く人の時と処・階級などの移りかわりにより、そこに多様なコースが生まれる。

神語りの内容にも、社会相・時代相・地域相が投影された。昔話などのいわゆる民話の場合にも「時代の変」があって、不変の口頭伝承とはいいがたい。その枠組みは変わらなくても、伝承のプロセスで、追加があり省略があり、さらに造作もあった。折口信夫の民俗学的アプローチは、どちらかといえば「変」よりも「不変」の「古代的要素」を重視したが、柳田国男のそれは、「不変」に注目しながらも、「時代の変」もその視野にふくまれていた」。

少し、ことばを添えると折口の不変の古代的要素とは、今日まで変わることなく、日本文化に含まれる古代的な要素ということである。ところが語り部たちによって語り継がれるべき、神話が筆録されると、上田は「時代の変」がいっそういちじるしくなるという。上田のいう「時代の変」とは、時の支配者層によって神話が記録されると、権力や支配の正当性を神話に求め権威化・カリスマ化に寄与することをいう。

語り部の存在が重きを持つのは、いうまでもなく、この列島は長く無文字社会であったからである。折口の小説『死者の書』に語り部が登場するのも、故あってのことであろう。上田が「時代の変」という言葉にだわって神話を論じるのは、右にみたように筆録された神話に、本来もっていた、神話の秘儀性のようなものが、人前に公開されて、語りつがれた神話の本質が見失われるからである。

上田が津田左右吉の神代史研究において記紀の文献批判における成果は認めるが、神話をすべて作為や潤色で片づけることはできないと、批判的な筆をとる。

「津田史学が天武・持統朝以後の造作や潤色をみきわめたとするようなうけとめかたは、二重にあやまっている。むしろ津田博士の研究成果における大きな課題は、原帝紀・原旧辞の成立の前提やその背景についての分折が十分ではなく、またいうところの「民間説話の類」の論究もすこぶるあいまいであって、「遙かに古い時代から語り伝へられてゐる」と記す、その「語り伝へ」の実体についてもほとんど論述されていないところに残された問題があった。そして原帝紀・原旧辞の成立後の「追補や変改」についての指摘こそあったが、『古事記』や『日本書紀』の、最終的編纂段階における「削偽定実」などのプロセスに関する観察も不足していた。」

右の文章を綴っていた時の上田の心情は、昂ぶっていたのではないかと、私は想像する。上田の神話論へ志向したときの日本は戦後の動乱期である。一九四四年（昭和一九）四月、上田は國學院大学専門部に入学する。翌年GHQによって、政府が神道に対して保証、支援、保全などを廃止すべきとする神道指令《しんとうしれい》が出される。上田の胸中はおだやかでなかったと推測するが、師の折口は、戦後すぐに国家神道に反対する立場をとっていた。上田は安堵して師の『古代研究』を常時手許に置くことができない事情のために、ひたすら筆録した。

一九四七年（昭和二二）京都帝国大学文学部史学科に入学する。戦後の日本史学界は皇国史観批判で渦巻いていたが、津田左右吉の記紀の史料批判に、多くの古代研究者が手のひらを反すように従順になったことと連動するものであった。上田は文化史学専攻の助教授柴田實の指導を受けたが、京都帝国大学で文化史学を提唱した西田直二郎の流れである。折口の民俗学とのつながりを求めたのであろう。

上田は津田の視点には冷静な眼を向けていたが、小躍りはしなかった。

本書の第二章「古典の神話」は「風土記」、『万葉集』、『古語拾遺』、『先代旧事本紀《せんだいくじほんぎ》』、『延喜式』の祝詞、賀詞《よごと》などに見いだされる神話伝承を拾い上げるものである。これらも、日本の記録された神話の貴重な遺産である。これらの神話伝承もまた軽視するわけにはいかないという。これらも、口頭伝承としての神話ではないが、多様な神話の内容に、時代性・地域性・氏族性が投影されているという。ただ、これらの神話も、上田のいう「時代の変」という姿でしか我々の眼前に現れない。折口が思考した「古代的要素」である「不変」をとりだすのは、容易なことではない。

第三章「神話の交響譜」は、さまざまな文化要素がかさなって、一つの神が成立するという観点から述べている。中でも、私が魅かれるのは、アマテラスに、中国道教の西王母とのつながりを指摘する個所である。大胆な仮説のようにとらえられるかもしれないが、その理由が示されている。記紀神話では、忌服屋《いみはたや》（斎服殿《イミハタドノ》）で神衣を織る主体がアマテラスでその背景には、機を織る道教の西王母信仰が重層しているのではないかと上田は言う。

私は上田の仮説に導かれて少し、そのことにふれてみたい。『日本書紀』垂仁紀には、倭姫《ヤマトヒメ》につれられて、アマテラスが鎮座する土地を探すが、アマテラスは「是の神風の伊勢国は、常世《とこよ》の浪の重浪《しきなみ》

伊雑宮の御田植祭　伊勢内宮の別宮の一つ伊雑宮は，磯部大神宮ともよばれる。豊漁を祈願する竹取り神事ののち，御田植祭を行なう。

帰《よ》する国なり。傍国《かたくに》の可怜《うま》し国なり。是の国に居らむと欲ふ」とのたまふ」といって、住まうべき土地を決める。常世とは道教において不老長寿の仙人の住む、神仙郷のことを言う。さらに、常世の土地の話は『古事記』神話の冒頭に高天原の中央を占めるアメノミナカヌシノミコト（天御中主尊）へとつながる。アメノミナカヌシノミコトは、天空の中心の神で、おそらく、道教に傾倒していた天武天皇か、あるいは天武ともゆかりのある者によって、道教の中心神、北極星を神格化した神名を日本語表現としたとみてよい。そして、それは、さらに『伊勢国風土記』（逸文・『万葉集註釈』巻第一）に次のようにつながる。「夫《そ》れ伊勢の国は、天御中主尊（アメノミナスヌシノミコト）の十二世の孫、天日別命（アメノヒワケノミコト）の平治《ことむ》けし所なり」と。ここまで、説明すれば十分であろう。伊勢の地は、道教にもともと関係する土地であり、アマテラスは常世、つまり神仙にゆかりの地を好んだ。旧版（小学館ライブラリー）一〇八頁に載せられていた内宮の別宮である伊雑宮《いぞうのみや》（志摩市磯部町）の御田植え式の写真（右掲）に「太一」と書かれた大きな団扇がみえる。「太一《だいいつ》」とは、道教信仰の中心である北極星をいう。いつごろから、伊勢の地に「太一」という文字がもたらせたかは不明であるが、中国の漢代には、その名がしられていた。

上田の仮説にみちびかれたというものの、本書の解説にはふさわしくない長文の私見を書いてしまった。しかし、それはアマテラスを西王母とみなす上田の卓見に心が躍ったのである。名著なる故である。

第四章の「出雲と筑紫」についても、ふれねばならないことは、少なくないが、私は以前に、天孫降臨の高千穂の地について考えたことがあるので、その時に本書を参照した記憶がある。天孫ニニギノミコトが降臨した高千穂はどこの地をイメージして語られたかを論じた（千田稔『高千穂幻想』PHP研究所、一九九九年）。宮崎県の高千穂か、鹿児島県の霧島あたりかと詮索したが、『古事記』にニニギノミコトは高千穂から「韓国《カラクニ》に向かう」とあることから、本書で、上田は、高千穂から韓国が見えるとすれば、原伝承では高千穂は北九州ではなかったかと、示唆していることも説得力をもつ。天孫降臨神話は、天皇の権威を示す神器のことにも関係する。『日本書紀』には、アマテラスがニニギノミコトに八坂瓊曲玉《やさかにのまがたま》、八咫鏡《やたかがみ》、草薙剣《くさなぎのつるぎ》の三種の神器を授けるが、『日本書紀』の継体紀・宣化紀・持統紀には鏡と剣の二種の神器をもって天皇位の象徴としている。記紀より以降は三種の神器となるこの変化は、朝鮮文化と中国文化の相違として考えねばならないだろうと私は思う。

第五章の「渡来の神々」は、右に見たような問題とかかわりながら、本書の視野は、おのずから東アジアに広がる。上田が日本古代史を東アジアに展開しようとした契機は、神話研究にあったと、私は推察する。付章として「神話と教育」に言及しているのは、適切な配慮である。教育から神話が奪われ、その後政治に触らない神話のみを国語の科目で教えるようになっているが、本質的には、神話全体を見通すような教育が求められるという上田の発言は重く響く。歴史研究にのみ精進し、大局的な歴史をみる歴史家がこの国に輩出しない構造を変える時が切迫していることに、気づかない研究者がたむろしている。

(奈良県立図書情報館館長)

本書の原本は、一九九四年に小学館より刊行されました。

著者略歴

一九二七年　兵庫県城崎郡城崎町生まれ
一九五〇年　京都大学文学部史学科卒業
京都大学教養部助教授・教授、大阪女子大学学長、高麗美術館館長、島根県立古代出雲歴史博物館名誉館長を歴任、
二〇一六年　没

〔主要著書〕
『日本武尊』（吉川弘文館、一九六〇年）、『帰化人』（中央公論社、一九六五年）、『日本神話』（岩波書店、一九七〇年。新版　角川ソフィア文庫、二〇一〇年）、『上田正昭著作集』全八冊（角川書店、一九九八〜九九年）、『古代の日本と東アジアの新研究』（藤原書店、二〇一五年）

読みなおす日本史

日本の神話を考える

二〇一九年（令和元）十一月一日　第一刷発行

著　者　上《うえ》田《だ》正《まさ》昭《あき》
発行者　吉川道郎
発行所　株式会社 吉川弘文館
郵便番号一一三—〇〇三三
東京都文京区本郷七丁目二番八号
電話〇三—三八一三—九一五一〈代表〉
振替口座〇〇一〇〇—五—二四四
http://www.yoshikawa-k.co.jp/
組版＝株式会社キャップス
印刷＝藤原印刷株式会社
製本＝ナショナル製本協同組合
装幀＝渡邉雄哉

ISBN978-4-642-07110-9

刊行のことば

現代社会では、膨大な数の新刊図書が日々書店に並んでいます。昨今の電子書籍を含めますと、一人の読者が書名すら目にすることができないほどとなっています。ましてや、数年以前に刊行された本は書店の店頭に並ぶことも少なく、良書でありながらめぐり会うことのできない例は、日常的なことになっています。

人文書、とりわけ小社が専門とする歴史書におきましても、広く学界共通の財産として参照されるべきものとなっているにもかかわらず、その多くが現在では市場に出回らず入手、講読に時間と手間がかかるようになってしまっています。歴史の面白さを伝える図書を、読者の手元に届けることができないことは、歴史書出版の一翼を担う小社としても遺憾とするところです。

そこで、良書の発掘を通して、読者と図書をめぐる豊かな関係に寄与すべく、シリーズ「読みなおす日本史」を刊行いたします。本シリーズは、既刊の日本史関係書のなかから、研究の進展に今も寄与し続けているとともに、現在も広く読者に訴える力を有している良書を精選し順次定期的に刊行するものです。これらの知の文化遺産が、ゆるぎない視点からことの本質を説き続ける、確かな水先案内として迎えられることを切に願ってやみません。

二〇一二年四月

吉川弘文館